同性パートナーシップ証明、はじまりました。

渋谷区・世田谷区の成立物語と手続きの方法

ポット出版

●目次

同性パートナーシップ証明、はじまりました。
渋谷区・世田谷区の成立物語と手続きの方法

●目次

●第2章
同性パートナーシップ証明手続き編

●第1章

同性パートナーシップ証明はなぜ、いかにして生まれたのか

エスムラルダ

すべては、いくつかの出会いから始まった

2015年3月31日。

渋谷区議会第1回定例会本会議において、「渋谷区男女平等及び多様性を尊重する社会を推進する条例」が賛成多数で可決、成立した。施行日は2015年4月1日と決まった。

この条例は「性別等にとらわれず、多様な個人が尊重され、一人ひとりがその個性と能力を十分に発揮し、社会的責任を分かち合い、ともにあらゆる分野に参画できる社会の実現」を目指したものであり、「男女の人権の尊重」「性的少数者の人権の尊重」などと並んで、「パートナーシップ証明」が主な項目として盛り込まれた。

パートナーシップ証明とは、同性カップルを「結婚に相当する関係」と認め、区が証明書を発行するというものである。

海外に目を向けると、1980年代末からパートナーシップ法（男女の婚姻とは別に、婚姻関係にある夫婦に認められている権利の全部もしくは一部を、同性間のパートナーシップにも認め、保証するというもの）が欧州各国およびアメリカの一部の州に導入されはじめ、2000年代初頭から同性結婚を認める法律が次々に成立。2015年6月には、アメリカの最高裁判所が、「法の下の平等」を定めた「アメリカ合衆国憲法修正第14条」を根拠に、すべての州での同性結婚を認める判決を下し、話題となった。現在、何らかのかたちで同性同士のパートナーシップを認めている国は、30か国強ある。

しかし渋谷区のパートナーシップ証明は、そうした流れとはやや異なるところから生まれた。また、権利を求める当事者が政治家に対してロビー活動を行うという、「ありがちな」プロセスから生まれたものでもない。

いささか情緒的な表現になってしまうが、人と人との、偶然ともいえる出会いやつながりの中から生まれたものである。

ではなぜ、数ある自治体の中で、渋谷区が日本で初めて、こうした制度への取り組みを行ったのか。

すべては2005年の、いくつかの出会いから始まった。

◆

まず一つは、杉山文野（すぎやまふみの）と手塚（てづか）マキの出会いである。

杉山はＦｔＭ（エフティエム）（Female to Maleの略。生まれたときの身体は女性だが、性自認が男性のトランスジェンダー）である。手塚と知り合ったころは、早稲田大学の院に通いつつ、新宿のダーツバーでバーテンダーのアルバイトをしていた。

１９８１年８月、新宿の歌舞伎町一番街で、とんかつ茶漬け「すずや」を営む両親の「次女」として生まれた杉山は、幼いころからやんちゃで、男の子とばかり遊んでいた。３歳のとき、幼稚園の入園式の日にスカートをはくのを嫌がり、家じゅうを逃げ回ったのを、今でも覚えているという。そして、セーラー服を着て小学校に通うようになると、自分の性別が「女」であることに、はっきりと違和感を覚えるようになった。

そんな自分を「普通じゃない」と嫌悪し、必死で本心を隠して生きていた杉山が「性同一性障害」という言葉を知ったのは、１９９８年初夏、16歳のときである。「埼玉医科大学の倫理委員会が性転換手術を承認」というニュースがきっかけだった。ようやく自分が抱えてきた違和感の正体がわかり、自分の存在を肯定できるようになった杉山は、そのころから親しい友人や家族にカミングアウトするようになった。

一方、手塚は元カリスマホストである。大学を中退し、歌舞伎町のホストクラブで働き始めた手塚は、入店1年後にはナンバーワンに。2003年に独立し、杉山と知り合ったときには、すでに歌舞伎町で自身のホストクラブを経営していた。

FtMの大学院生兼バーテンダーと、元カリスマホスト。一見、まったく接点のなさそうな二人を結びつけたのは、「歌舞伎町への想い」と「掃除」である。

「歌舞伎町」という街の名付け親である鈴木喜兵衛を先祖に持つ杉山は、故郷である歌舞伎町を愛していた。歌舞伎町には、さまざまな人たちが一緒に暮らしている。歌舞伎町に住んでいる人、歌舞伎町にある店や企業で昼間に働いている人、夜の世界で働いている人、酔客……。昼も夜も表も裏も「良い」も「悪い」も、すべてを受け入れる懐の深さが、歌舞伎町の魅力だと思っている。「歌舞伎町をもっと素敵な町にしたい」との思いから、歌舞伎町商店街振興組合内の「歌舞伎町よくしよう委員会」にもメンバーとして参加していたほどである。

しかし杉山は歌舞伎町に対し、次のような気持ちも抱いていた。

「昔から歌舞伎町は、昼間の仕事の人と夜の仕事の人がいがみ合いがちで、いつも残念に思っていたんです。また、何でもありな雰囲気はいいけど、ポイ捨てが多すぎて物理的に街が汚いのは良くないなと。そこで、『たとえば、会社員もラーメン屋さんも夜の商売の人もちょっと怖いお兄さんも、みんなで一緒にゴミ拾いをする、そんなことができたらこの街らしくて面白いんじゃないかなあ』なんて一人で勝手に考えていました」

そんな矢先、杉山は「歌舞伎町のホストたちが、清掃のボランティアを始めたらしい」との情報をキャッチした。

調べてみたところ、「夜鳥の界（やちょうかい）」というボランティア団体のウェブサイトが見つかり、杉山はさっそく掲示板に書き込みをした。すると、発起人の手塚からレスポンスがあった。

手塚は、2004年に新潟県中越地震が起きた際、ホスト仲間3人とともに現地へ赴き、義援金を寄付した。もともとは「歌舞伎町のホストがこういうことをしたら、話題になるんじゃないか」といった軽い気持ちだったのだが、被災者に感謝され、「ホストでも感謝されることがあるのか」と、衝撃を受けた。

自分自身や自分の仕事、歌舞伎町という街をどこか愛せずにいた手塚たちだが、この一件をきっかけに、少しずつそれらを受け入れられるようになった。そして「ホスト独自の社会的貢献を」との思いから、「夜鳥の界」を立ち上げたという。

杉山24歳、手塚28歳。年齢も近く、何よりお互いに、歌舞伎町を大事に思う者同士。二人は、すぐに意気投合した。

「表参道で、グリーンバードっていうグループが清掃活動やってるらしいから、今から一緒に行かない?」

二人で一晩中飲んだ後、杉山が手塚に持ちかけたのは、知り合って間もないころのことである。

なお、杉山に「グリーンバード」の存在を教えたのは、翌2006年9月に、渋谷区を拠点に生涯教育プログラムを提供するNPO法人「シブヤ大学」を立ち上げた、左京泰明(さきょうやすあき)だった。

◆

話は少し前にさかのぼる。

杉山には、大学院生、バーテンダーのほかに、もう一つの顔がある。それは「フェンシング選手」としての顔だ。

杉山がフェンシングと出会ったのは、小学5年生のときである。幼いころから身体を動かすことは好きだったものの、女性もののユニフォームを着せられるのが嫌で、どのスポーツも続けられなかった杉山だが、フェンシングは違った。ユニフォームに男女差がなく、しかも競技人口が少ないため、練習すれば、すぐに試合で結果が出る。杉山はフェンシングに夢中になり、始めて1年後には全国大会で3位入賞。中学2年で日本代表としてアジア大会に出場し、決勝まで残った。

その後も、怪我や不調に悩まされながら練習を重ね、2004年、大学院入学と同時に日本代表入り。しかし翌年は選からもれた。それを機に、杉山は、選手生活から引退した。

一方で杉山は、恩師に頼まれ、2003年からNPO法人「WASEDA CLUB」(通称・ワセダクラブ)でフェンシングの指導員も始めていた。

ワセダクラブは、早稲田大学の体育各部が連携して、市民や子どもたちのスポーツ振興を図ることを目的としたものである。そのワセダクラブで知り合った友人から「面白い人がいるから、会ってみなよ」と紹介されたのが、早稲田大学のラグビー部の元キャプテンである左京だった。

左京は当時、住友商事で働きつつ、「ビジネスとして、社会的な活動をやりたい」と考えており、週に何度か、仲間内で「朝の勉強会」をやっていた。

「勉強会といっても堅苦しいものではなく、数人でカフェに集まり、その時々のホットな話題や知りたいことなどをそれぞれが持ちよって話し合う、意見交換会のようなものでした。そこであるとき、左京さんが『グリーンバードというNPOの、清掃のボランティア活動に参加して、長谷部さんという面白い人に会ってきた』と話していて、『文野もどうせ暇なんだから、掃除行ってみたら？』と言われたんです」
なお、「歌舞伎町でゴミ拾いができたら……」と思ったのも、このときの話がきっかけだったという。

さて、朝まで飲んだ勢いで表参道の清掃に参加した杉山と手塚は、そこでグリーンバードの代表であり、渋谷区議会議員でもある長谷部健（はせべけん）（無所属）と初めて出会った。杉山は語る。

「ホストとオナベが一緒に来たということで、長谷部さんは面白がってくれました。といっても、過剰に驚いたり理解を示そうとしたりするわけではなく、『へえ、歌舞伎町でもゴミ拾いをやっているのか』といったリアクションでした」

一方、長谷部にとっては、杉山との出会いは非常に印象的だったという。

「僕が今までに知り合ったＬＧＢＴ（エルジービーティ）（「レズビアン」「ゲイ」「バイセクシュアル」「トランスジェンダー」の頭文字をとった、セクシュアルマイノリティの総称）のほとんどは、ゲイの男性かＭｔＦ（エムティエフ）（Male to Femaleの略。生まれたときの身体は男性だが、性自認が女性のトランスジェンダー）の人でした。レズビアンや、女性として生まれたことに違和感を抱いている人とは、あまり接点がなかったんです。文野と出会ったことで、ＬＧＢＴにもいろいろな人がいることを知りました」

◆

長谷部が最初に「ＬＧＢＴ」の存在をはっきりと認識したのは、１９９２年、20歳のときだった。

長谷部は１９７２年3月、原宿で生まれた。いわゆる「第二次ベビーブーム世代」である。受験戦争は熾烈をきわめ、長谷部も二浪の末、第一志望ではなかったものの、なんとか大学にもぐりこんだ。

長い浪人生活を終え、ようやく「自由」を手にした長谷部は、友人と二人で渡米。1か月半かけてニューヨークやワシントン、シカゴ、ロサンゼルス、サンフランシスコを周遊した。

生まれて初めて「ゲイ」と言葉を交わしたのは、ニューヨークのメトロポリタン美術館を訪れたときである。ゲイの警備員から「この後ランチに行こう」「クラブに遊びに行こう」とナンパされたのだ。またサンフランシスコでは、白昼堂々、モヒカン頭の若者と中年の男性が手をつないで信号を渡っている姿を目撃した。

それまで想像すらしたことのない経験に最初は戸惑い、「アメリカってオープンだな」「日本とは全然違うな」と驚いた長谷部だったが、レズビアンやゲイを日常的に見かけるうちに、少しずつ慣れていった。

大学卒業後、博報堂に入社すると、ＬＧＢＴとの接点は一気に増えた。同僚のゲイからカミングアウトされたり、上司に六本木のニューハーフパブに連れて行かれ、ニューハーフたちの美しさやショーのクオリティの高さに感心したり。ある撮影の現場では、ヘアメイクやスタイリストなどスタッフのほとんどがゲイだったため、ヘテロセクシュアルの長谷部の方が「マイノリティ」の気分を味わった。

「カミングアウトして働いているＬＧＢＴの人たちには、優秀な人が多いという印象を受けました。逆に、仕事ができるからこそ、堂々と自分らしくいられるのかもしれませんが」

そんな長谷部も、最初のうちはＦｔＭである杉山とどう接したらよいかわからず、少々戸惑ったという。杉山は10歳上の長谷部にも平気で生意気な口をきいてはいたが、同時に大変な苦悩や困難を乗り越えてきたであろうことも、容易に想像がついた。しかし、ともに清掃活動をし、話す機会が増え

知り合った頃の長谷部健（左）と杉山文野（右）。（写真提供・杉山文野）

るにつれ、長谷部は「別にかまえることなく、普通に接すればいいのだな」と思うようになった。

　当時の杉山は、まだ性別適合手術を受けておらず、「ボーイッシュな女子大学院生」といった雰囲気だったが、言葉づかいやふるまいはことさらに「男っぽく」しており、それが長谷部にとってはおかしかった。たとえば杉山がインドに旅行することになり、誰かが「どの町からインドに入るの？」と尋ねると、杉山は「旅は気まま（に行くもの）っすよ」などと答える。「男でも、そんなこと言わねえよ」とツッコミを入れながらも、そんなところが、長谷部にはなんともかわいらしく感じられた。

　２００６年に杉山が「グリーンバードの歌舞伎町チームを立ち上げたい」と言いだしたときは、「歌舞伎町で生まれ育ったというバックグラウンドも含めて、キャラクターがユニークだし、リーダーとしての資質もある。任せて大丈夫だろう」と判断し、二つ返事で了承したという。

「どうしたらLGBTの人たちに喜んでもらえる？」

グリーンバード歌舞伎町チームを立ち上げる3か月前、2006年5月に、杉山は一冊の本を出版した。『ダブルハッピネス』（講談社）と題されたその本には、杉山の生い立ちや思いが、赤裸々に綴られている。

発売当時は、「性同一性障害」という言葉はさほど認知されていなかったが、「フェンシングの元代表選手」という経歴のユニークさも手伝って、『ダブルハッピネス』は大きな反響を呼んだ。杉山の元には講演の依頼が舞い込むとともに、全国から、予想をはるかに上回る問い合わせやメッセージが届くようになった。そしてその多くが「私もそうです」「つらい」「苦しい」「助けて」「死にたい」といった、当事者たちの心の叫びだった。

「本当は一通ずつ返事をし、一人ずつ会いたかったのですが、時間的な限界もあり、とてもそういうわけにはいきません。ところがそのうち、本を読んで『杉山文野と話したい』と思った当事者の方たちが、清掃に参加するようになりました。ブログに『月に何回か、グリーンバードで掃除をしています』と書いているのを見て、来てくれたんです」

グリーンバードの活動には、参加費も登録料も不要。当日、気が向けば参加する。それだけである。しかも活動内容は「町内の清掃」だ。

当事者同士のオフ会等であれば、LGBTであることに悩んでいる人たちにとっては、ハードルが高いかもしれない。しかし清掃活動であれば、LGBTに限らず、いろいろな人が参加しているし、「町をきれいにする」という共通の目標もある。親にカミングアウトしていない子どもでも、「ゴミ拾いのボランティアをしてくる」と言えば、「嘘をついた」という良心の呵責もなく、気軽に参加することができる。

最初の1年間は、若いLGBT、特にFtMの参加者が多かったが、口コミで情報が広がり、いつしか歌舞伎町チームには、さまざまなセクシュアリティの人たちが集まるようになった。母親がLGBTの子どもを連れてきたこともあれば、当事者が「一度文野に会ってほしい」と、親や友人を連れてくることもあった。もともと会社員からホスト、SMの女王様まで、バラエティに富んでいた歌舞伎町チームだが、一時期、LGBTの割合が高くなり、30人中10人以上が当事者だったこともあるという。

歌舞伎町チームのこうした状況を目の当たりにした長谷部は、「今まで気づかなかったけど、ＬＧＢＴの人たちはこんなにたくさんいるのか」と驚いた。

また、杉山と個人的に話したり、時折、歌舞伎町チームの活動に参加したりするなかで、長谷部はＬＧＢＴが直面する、さまざまな悩みや問題を見聞きするようになった。身体に関する悩み、家族関係や友人関係、職場での人間関係の悩み。「同性同士だと、部屋を借りるのが難しい」「パートナーが危篤状態に陥り、集中治療室に入っても、『家族』以外は病院に面会を断られることが多い」という声もあった。そしていつしか「性自認や性的指向のあり方などが『世間のマジョリティ』と異なるだけなのに、なぜ彼らが悩みを抱えなければならないのか」「区議会議員として、彼らをサポートする政策を打ち出すことはできないか」と考えるようになった。

２０１０年ごろから、長谷部は杉山に対し、「こういうことが実現したら、文野やＬＧＢＴの人たちは喜んでくれるかなあ」と、いろいろな提案を出すようになった。しかし杉山は杉山で、そんな長谷部の気持ちをありがたく思いつつ、「ＬＧＢＴといってもいろんな人がいるしなあ……」と答えあぐねていた。

◆

長谷部が渋谷区議会議員に初当選したのは、２００３年４月のことである。

しかしその1年前まで、長谷部には政治家になるつもりなど、まったくなかった。もっとも、博報堂でいつまでも働くつもりもなかった。コミュニケーションを得意とする長谷部にとって、広告代理店の営業の仕事は楽しく、やりがいがあった。だが営業職で出世をすると、どうしても数字に追いかけられるようになる。それは長谷部の目には、あまり楽しそうには映らなかった。

独立後の仕事について、最初のうち長谷部は「広告に関わることをやりたい」と考えていた。中でも興味を惹かれたのは、環境問題や社会問題を扱った広告である。

たとえば、ファッションブランドとしては後発だったベネトン社は、1980年代末から、オリビエーロ・トスカーニのディレクションの下、HIV/AIDSや人種差別、戦争といった社会問題をとりあげたキャンペーン広告を展開。「広告は商品や企業イメージを紹介するものである」という既成概念を打ち砕き、そのラディカルな表現によって賛否両論を巻き起こし、独自のブランドイメージを確立した。

「90年代後半あたりから、『商品広告よりも、社会問題を扱った広告の方がエモーショナルだな』『広告で、強いメッセージを伝えたいな』と思うようになりました。ただ日本の公共広告は、もちろん中には面白いものもあるけど、全体的にパンチが足りない。退職したら、原宿で仲間と一緒にエッジの効いたクリエイティブエージェンシーを立ち上げ、プロデューサー的な仕事をしたいと、当時は考えていました」

近所の商店会（原宿表参道欅会）に所属するかつての同級生から「区議選に立候補してみないか」と言われたのは、2000年ごろのことである。

思いもよらない話だった。社会問題には興味があったが、政治家になろうなどとは考えたこともない。また仕事柄、「表に立つ人間」をたくさん見てきたし、彼らがいかに多くのものを得、多くのものを失っているか、よく知っている。「自分はずっと裏方でいたい」と長谷部は思っていた。街なかに自分の選挙ポスターが貼られるなど、想像するだけで嫌気がさした。

「お前は『プロデューサー的な仕事をしたい』と言っているが、俺たちがやってほしいのは、シブヤのプロデュース。政治こそまさに『ソーシャルプロデュース』だろう」という友人の言葉に少し心は揺らいだものの、最後まで固辞し、その後長谷部は自ら希望して、九州支社へ転勤した。

原宿表参道欅会から再び出馬を打診されたのは、2002年2月のことである。このときもいったんは断ったが、彼らに熱心に説得され、長谷部は徐々に心を動かされていった。また、紹介されて会った何人かの政治家たちの、政治に対する姿勢に違和感を覚えたことも、かえって長谷部の闘志に火をつけた。

同年9月に博報堂を退職し、東京に戻った長谷部は、渋谷区議会議員選挙に無所属で立候補。その後3期連続で当選し、ネーミングライツを活用して宮下公園のリニューアルや公衆トイレの美化を行ったり、「子どもたちが自分の責任で自由に遊べる公園」を作ったり、さまざまな政策を実現させていった。２００７年に出馬した際には、杉山も選挙活動を手伝った。

ちなみに、グリーンバードは、欅会の青年部が行っていた清掃活動をもとに、長谷部が２００３年に立ち上げたものである。

◆

これまで、公園やスポーツに関する施策を多く手掛けてきた長谷部にとって、「ＬＧＢＴに関する政策」はまったく新しい課題だった。

一体どのような施策を行えば、セクシュアルマイノリティの人たちに喜んでもらえるか。彼らの生き難さを、少しでも軽減することができるか……。あれこれ考えをめぐらせているとき、長谷部はふと、自分の結婚式を思い出した。友人たちの前で結婚の誓約をしたこと。婚姻届を記入する際、緊張のあまり、二度も書き損じてしまったこと。

「そうか、ＬＧＢＴの人たち、特に戸籍上同性同士となるカップルには、これがないのか、と思いました。よく『たかが紙切れ一枚』といいますが、婚姻届を提出したときの幸福感や『結婚したんだな』というしみじみした思いは、今でも忘れられません。そして、戸籍制度や婚姻制度を変えることはできなくても、それに近いものであれば、区として提供できるのではないかと考えました」

長谷部はさっそく、グリーンバードの活動中に、杉山に「渋谷区が同性パートナーの人たちに証明書を出すというのは、どうかなあ」「そういうのがあったら嬉しい？」と尋ねた。表参道を掃除中、信号を待っている間の会話だった。

これに対し、杉山は「そりゃ嬉しいし、喜ぶ人も多いと思います。その証明書の実際の効力はともかく、まず『ＬＧＢＴが存在する』ということを前提に話が進められることが大事だと思うので。でも本当にそんなことができるんですか？」と答えた。

物心ついたときから、杉山が好きになるのは女性ばかりだった。

「女」であることに違和感を抱き、自分を「男」と認識していた杉山にとって、感覚的には男性が「同性」、女性が「異性」である。しかし現時点では、パートナーとは戸籍上は女性同士であり、法的に結婚することはできない。

日本では、２００３年に「性同一性障害者の性別の取扱いの特例に関する法律」

（性同一性障害者特例法）が成立し、家庭裁判所で性別の取り扱い変更の審判を受ければ、戸籍の性別の変更が認められるようになった。とはいえ、クリアしなければならない条件が６つある。

・二人以上の医師により、性同一性障害であることが診断されていること
・20歳以上であること
・現に婚姻をしていないこと
・現に未成年の子がいないこと
・その身体について他の性別に係る身体の性器に係る部分に近似する外観を備えていること
・生殖腺がないこと又は生殖腺の機能を永続的に欠く状態にあること

このうち、杉山にとって高いハードルとなっているのは、最後の二つの条件である。

生殖機能を取り除くための手術に保険は効かず、ペニスを作る手術は費用がかかる割に、リスクが高く成功例が少ない。一方、もともと乳房に違和感を持っていた杉山は、２００９年４月に、すでにタイで乳房の切除手術をしている。またホルモ

ン注射を打っているため、生理も止まっている。

見た目の問題だけであれば、杉山はヒゲもたくわえ、筋肉質な体となった今の状態に満足しており、戸籍を変えるという目的のためだけに、金銭的にも身体的にも負担が大きい手術に踏み切る勇気を、なかなか持てずにいた。

そんな杉山にとって長谷部のアイデアは、実現すれば嬉しいものではあるが、夢物語のようにも思えた。「権利がない状態」に慣れすぎていたし、LGBTに関する政策が、日本では実現しづらいこともよくわかっていたからである。

ところが長谷部は、杉山が自分の提案に驚き戸惑いながらも、内心では興奮し、期待しているように思えた。

長谷部がパートナーシップ証明実現に向けての具体策を考え始めたのは、このときからである。

「LGBTの権利に関するアピールは、今までは『人権』という観点から行われることが多かったけれども、それとは異なる、渋谷区らしいアプローチはないかと思いました。人々が頭でなく、心で理解し、納得できるようなロジックが必要だと感じたんです」

そんな長谷部の心に響いたのが、当時、世間に定着しはじめていた「ダイバーシティ」（多様性）という言葉だった。

◆

区議選への出馬を決めて以来、常に長谷部の頭にあったのは「シブヤの町おこしをしたい」「シブヤを元気にしたい」という思いである。

原宿で生まれ育った長谷部は、幼いころからシブヤ発の文化を身近に感じ、刺激を受けてきた。竹の子族、マンションの一室から生まれたDCブランド、渋カジやアメカジ、ビームスをはじめとするセレクトショップ……。しかし最近、昔に比べて、シブヤの発信力が弱まってきたと感じている。雑誌の表紙に「渋谷」「原宿」「表参道」の文字が躍ることが少なくなった。特にスカイツリーができたあたりから、下町に注目が集まっている。それはそれでいいことだが、シブヤびいきの人間としては、少々寂しい。

また、上海やシンガポールに行くと、「子どものころ、漫画で見た21世紀の光景は、シブヤよりもむしろこっちにある」と思ってしまう。東日本大震災後、日本から撤退する外資系企業が増えていることにも危機感を覚えている。

だが一方で「文化面ではまだまだ負けてない」とも思っている。

「カルチャーに力を注ぎ、各国のクリエイターの卵たちが憧れる街であり続けること。それが東京の、そしてシブヤの生き抜く道だと考えています。そして子どもたちには『この街はカッコイイ』というシティプライドを持ってほしいですね」

世界から認められる「カッコイイ街」であるためにも、「個々人の違いに価値を見出し、尊重し、受け入れる」というダイバーシティの概念は重要だ。多様な人たちが集まることによって、新しいカルチャーが生まれるからである。

長谷部はまず、NPO法人ピープルデザイン研究所代表理事の須藤シンジらとともに、障害者の問題に取り組み始めた。ピープルデザイン研究所は、性別、国籍、年齢、身体、意識などのバリアを取り払い、誰もが共感・共存できる街づくりを目指す組織である。

日本の身体障害者、知的障害者、精神障害者の総数は約787万9千人（内閣府「平成26年版　障害者白書」）。それは人口の約6・2％に相当する。にもかかわらず、障害者と健常者は生活の場が分けられており、日常生活で両者が混じり合うことは少ない。

同様に、調査方法等によって違いはあるものの、LGBTも人口の1〜10％は存在するといわれており、2015年には、「日本におけるLGBT層の割合は7・6％である」（電通ダイバーシティ・ラボ調べ）との調査結果も報告された。しかしカミングアウトしている人はまだまだ少なく、特に日本では、「LGBTはどこにでもおり、普通に生活している」という認識は広まっていない。

「『カミングアウト後の人生の方が楽しい』という声はよく聞きます。もちろん、全員がそうじゃないのはわかるし、カミングアウトを強要するつもりもありません。ただ、カミングアウトによって当事者がデメリットを被ることなく、自分らしく生きられる環境を作ること、ＬＧＢＴとそうでない人が、今よりもっと混じり合って生活できるようにすることは、成熟した国際都市を目指すうえで必要不可欠です。そして、常に最先端のファッションやカルチャーを発信してきたシブヤなら、障害者の問題にしてもＬＧＢＴの問題にしても、解決に向けて前進させることができるのではないかと思いました」

こうした文脈から、２０１２年6月8日、渋谷区議会第2回定例会で質問に立った長谷部は、次のような質問・提案を行った。

「国際都市として、ダイバーシティの要素を含んでいるというのは丸必です。多様性を受容する都市として（中略）ＬＧＢＴの方々についても考えていきたいです。僕の友人知人にもＬＧＢＴの人がいます。まあ全くもって普通だし、むしろいろいろな分野でその感性が生かされ活躍しています。昔に比べてだんだんと市民権を得てきていますが、国際都市の中では東京はこの分野ではまだまだ遅れをとっています。特に結婚ということではいまだに意見が割れているというのが現実です。日本の法律でも結婚は認めていません。そこで、渋谷区は、区在住のＬＧＢＴの方にパートナーとしての証明書を発行してあげてはいかがでしょうか」

これに対する桑原敏武区長（当時）の答弁は、以下のようなものであった。

「渋谷区では、平和国際都市として多様な方々を受け入れる中で、その中ではLGBTの方々も含めて、この方々を受け入れる共生社会でなくてはならない、このように思っている次第でございます。（中略）議員提案のこのパートナー証明の発行でございます。これが一体どういうような意味を持つのか、あるいはこれを、難しいことを言うようでございますけども、自治事務の範囲内として考えることはできるのかどうか、その辺についても研究する必要があるだろうと、このように思っております」

検討委員会で何が起こったか

長谷部から「パートナーシップ証明について、議会で提案した」と聞いた杉山はた。
「本当に提案してくれたんだ」と驚いた。また「一度桑原区長に会わせたい」とも言われたが、長谷部自身、どのタイミングで二人を会わせるか、迷っているようだった。

なおこのころ、杉山に人生何度目かの転機が訪れていた。

杉山は2009年秋、ある外食系企業に就職し、3年間、休む暇もないほど働いた。しかし「自分で飲食店を経営したい」という思いもあり、2012年に退職。それを機に、襷会のメンバーから紹介された神宮前二丁目の物件で、友人との共同出資により、バー「G」（仮名）をオープンさせ、3か月後には父から歌舞伎町のすずやのビルの地下の物件を任され、カフェをオープンさせた。また同時期に、しばらく控えていた講演活動やフェンシングの指導を再開し、作家の石田衣良とともにNHK教育の新番組「Our Voices」の司会も始めた。

なお、杉山は2014年5月、アジアンビストロ「irodori（イロドリ）」をオープンさせた。同店は、杉山が新たに立ち上げた株式会社「ニューキャンバス」と認定NPO法人「グッド・エイジング・エールズ」が共同運営するコミュニティスペース「カラフルステーション」の1階にある。

ちなみにグッド・エイジング・エールズは、杉山のゲイの友人である松中権が立ち上げたものである。

杉山と松中が初めて会ったのは２００９年のことだ。

ある日、杉山のところに、電通に勤めるＭという知人の男性から「今日、会社のゲイの先輩に初めてカミングアウトされた」という電話がかかってきた。

Ｍは、もともとは杉山の姉の友人である。姉とＭは学生のころ、合コンで知り合ってすっかり仲良くなり、杉山も高校生時代に一度、紹介されたことがある。

姉に呼ばれて参加した飲み会で、Ｍと再会したのは、それから7、8年後。『ダブルハッピネス』刊行直前だった。ゲラを読んだＭは「いい本だな」「俺にできることがあったら協力するよ」と言い、以後、杉山の「兄貴分」として、何かと応援してくれるようになった。

そのＭが仕事の後、ある先輩と食事に行ったところ、たまたま知り合いがいて、一緒の席で食べることになった。そこでＬＧＢＴに関する話題が出たのだが、知り合いの意見がいい加減な知識と偏見に基づいたものだったため、Ｍは「それはちょっと違うと思う」と反論した。

すると帰り道、「お前、どうしてそんなにＬＧＢＴに詳しいんだ?」と先輩に尋ねられた。「知り合いに、性同一性障害の子がいて……」と答えると、先輩から「実は自分もゲイなんだ」と言われたという。

Ｍからの電話を受けた翌日、杉山はたまたま新宿二丁目へ飲みに行き、みんなから「ゴンちゃん」と呼ばれている、一人のゲイ男性と隣同士の席になった。ゴンちゃんもやはり、電通の社員だという。ためしにMの名前を出してみたところ、意外なことがわかった。このゴンちゃん、つまり松中権こそが、Mにカミングアウトした先輩だったのである。

◆

松中は1976年4月、石川県金沢市で生まれた。小学生のころから、気になるのは男の子ばかりだったが、当時はそんな自分をカテゴライズする言葉を見つけられずにいた。やがて「自分は『ホモ』かもしれない」と考えるようになったが、同時にそれが、世間では「異常」とされていることも知り、「絶対に他人には言えない」と思ったという。

自分が同性愛者であることをなかなか受け入れられず、高校時代には女性とつきあったりもした松中だが、大学4年生のときに「自分が惹かれるのは男性だけであり、それはもう『治らない』のだ」とはっきり自覚。その後留学したオーストラリアでは、ゲイとしてオープンに暮らす楽しさを知った。

「ゲイのこと、LGBTのことをきちんと伝えたい」という思いが高じて、「何かを誰かにきちんと伝える仕事をしたい」を考えるようになったのも、留学生活がきっかけだ。そして松中は2001年4月、電通に就職した。

入社して8年後、海外研修制度を利用して、半年間ニューヨークで過ごした松中は、さまざまなソーシャルキャンペーンに関わり、アメリカのNGOやNPOのあり方に衝撃を受けた。

「向こうのNGOやNPOはイベントを行うとき、企業からの寄付を有効活用して、イベント会社に発注するんです。そしてイベント会社は、できるだけいいものを作ろうとするため、NPOの目的に沿った、より良いコンテンツが社会に還元される。すごく良い循環ができあがっていました。でも帰国して日本のNPOと仕事をすると、『イベント会社に発注するなんて、とんでもない』『寄付を使うなんてもったいない。自分たちでやります』というところが多く、ギャップを感じました」

そんな松中が唯一興味を惹かれたのは、シブヤ大学だった。「面白そうなことをやっているな」と調べているうちに、松中は「自分でも新しく何かを始めてみたい」「できればLGBTに関することがいい」と考えるようになった。そして仕事の傍ら企画書を作り、仲間を募り、2010年4月4日、「セクシュアリティを越えて、すべての人が自分らしく歳を重ねていける社会づくりを応援する」を活動目的に掲げ、グッド・エイジング・エールズを立ち上げた。

なお、兄弟へのカミングアウトはすでにすませていた松中だが、グッド・エイジング・エールズを立ち上げた翌年の正月、両親にもカミングアウトをした。

◆

さて、不思議な縁に導かれるようにして出会った杉山と松中だったが、偶然はさらに続く。知り合って数か月後、企業に就職した杉山が働き始めた店は、当時松中が住んでいた、人形町のマンションのすぐ近くだった。そして2012年秋、杉山が「G」をオープンさせたのと前後して、松中も神宮前二丁目に引っ越してきたのである。

当時松中は、グッド・エイジング・エールズの活動の一環として、杉並区にシェアハウスを作る計画を進めていた。そのとき、一緒に動いていた不動産業者から、たまたま神宮前二丁目のマンションを紹介されたのだ。

二人が急激に仲良くなったのは、それからである。松中はしょっちゅう「G」に顔を出し、さまざまなアイデアを杉山と共有し、意見交換をするようになった。

たとえば「新宿二丁目以外にも、LGBTの人たちとLGBT以外の人たちが気軽に接点をもったり話したりできる場所があってもいいんじゃないか」「神宮前二丁目にはユニークな人がたくさんいるし、うってつけじゃないか」という発想から始まった「新二丁目計画」。

「カラフルステーション」や「irodori」も、「神宮前二丁目にLGBTセンターのようなものを作りたい」「運営資金も必要だから、飲食店を併設し、そこを文野に任せたい」という松中の考えから生まれた。

なお、東京では1994年から断続的に、LGBTのパレードが開催されている。名称や主催団体、開催場所、開催時期は過去に何度か変わっているが、2012年からは毎年4月の終わりに渋谷・原宿で「東京レインボープライド」が行われている。

そのレインボープライド周辺にLGBT関連のいろいろなイベントを開催し、「レインボーウィーク」と銘打って盛り上げたい、というのも松中のアイデアだ。

松中権（左）と杉山文野（右）。
（写真提供・杉山文野）

さらに松中は「レインボーウィークの代表は文野がいい」と主張した。「LGBT関連イベントは、いつもゲイ主導で行われている、というイメージを払しょくしたい」「文野には、あまり人間関係のしがらみがないから」というのが、その理由である。

こうした一連の動きについて、松中は語る。

「2012年後半から2013年夏にかけて、いろんなことが一気に動いた感じでした。東京レインボープライドのメンバーから『パレードにからめて、なにか企画できないかな』と相談され、『今、バラバラにやってるLGBT関連のイベントを、その時期に集めたらどうだろう』と提案したのが、2013年1月。文野から『LGBT関連の政策をやろうとしている議員さんがいるんだけど、会ってみない？元代理店の人だから、ゴンちゃん、気が合うと思うよ』と長谷部さんを紹介されたのも、ちょうどそのころでした」

長谷部に会ってみようと思ったのも、そもそもは「パレードを、今のようにデモという形で行うのではなく、コンサートなどをからめて、より楽しいものにしたい」「議員さんなら、何かしら相談に乗ってもらえるのではないか」と思ったからだった。「長谷部が、同性同士のパートナーシップのために動いているらしい」となんとなく知ってはいたものの、当時の松中はそれに対し、あまり興味を持てなかったという。

「『同性婚』とか『同性パートナーシップ』というと、どうしても『権利主張型のアプローチ』のイメージが強くて。もちろん大事なことなんですが、僕自身はグッド・エイジング・エールズの活動についても、『制度を求める』というのとは別のアプローチをしたい、政治的なことはやめよう、とずっと考えていました」

◆

話を元に戻そう。

パートナーシップ証明については、2012年6月の区議会でのやりとりの後、しばらく動きのない時期が続いた。その間長谷部は桑原に対し、折に触れて「ダイバーシティの重要性」を訴えていた。また2012年12月と2013年1月には、ピープルデザイン研究所主催で、LGBT当事者を交えての勉強会が行われた。

沈黙が破られたのは、2013年6月だった。岡田マリ渋谷区議（シブヤを笑顔にする会）が、区議会第2回定例会で、1年前の長谷部の質問に触れつつ「LGBTパートナーシップの証明書について、病院の利用や手術の立ち会い、不動産、区の証明書の代理手続などについて配慮が可能になるような仕組みを提供してほしい」

「渋谷区が証明書の発行やセクシュアルマイノリティの人たちへの支援を行うことによって、その存在の理解につながるだけでなく、彼ら、彼女らが生きていく上での大きな勇気を与えることにもなる」と述べたのである。

岡田は1968年4月、神宮前で生まれた。

15年近くにわたる会社員生活を経て、2007年春に渋谷区議会議員となった岡田は、子育て支援や教育、高齢者福祉、環境整備などに取り組みつつ、ずっと「LGBTを、何らかの形で支援することができないか」と考えていた。

岡田がLGBTの存在を初めて認識したのは、21歳のときである。

1989年から1991年にかけて、岡田は心理学を学ぶため、アメリカ・マサチューセッツ州のスプリングフィールド大学に留学した。

キャンパスにはさまざまな人がいた。育児中のシングルマザー、長い間、夫の介護を続けてきた妻、アルコール依存症の患者……。

もちろん、LGBTの学生や職員もいた。最初は驚いた岡田だったが、すぐに「なんだ、当たり前のことなんだな」と受け入れた。同性同士の結婚式に参列したこともある。

それから長い年月が過ぎた。その間、2004年には、マサチューセッツ州がアメリカで初めて、同性結婚を法律で認めた。

ところが、日本のＬＧＢＴをめぐる状況はさほど変わっていない。もちろん、社会のＬＧＢＴに対する寛容度はかなり高くなったが、まだまだ生きづらさを感じている当事者は多い。

２０１２年6月、長谷部がパートナーシップ証明についての質問を行ったとき、岡田は「もしこれが実現したら、当事者たちに一筋の希望の光が射すかもしれない」「これはぜひ応援したい」と思った。そこで1年後、質問の機会がまわってきた機をとらえて、長谷部への援護射撃を行ったのである。

以来岡田は、長谷部や、ＬＧＢＴ当事者であることを公言している石川大我豊島区議や石坂わたる中野区議らと、パートナーシップ証明の実現可能性などについて意見の交換を行い、『アライ』（ＬＧＢＴ支援者）として自分に何ができるか」を探っていった。

岡田の質問に対し、桑原は「議員御提案のパートナー証明の発行につきましては、国内法や国際法などの関係を考え合わせるとき、制約も大きく、検討すべき課題が多くあると思いますけれども、今後、専門家の御意見等も聞きながら前向きに検討してまいりたいと思います」と回答した。

さらに1年後の2014年7月には、「渋谷区多様性社会推進条例の制定に係る検討会」(仮称)が設置された。

これに先立つ同年6月、岡田は再び議会において、「今定例会で『多様性社会推進条例』の制定に向け、調査、研究するための検討会の経費が補正予算で計上されました。(中略)是非検討会ではパートナーシップ証明書の発行について大きな課題として対応していくべきと考えますが、いかがでしょうか」と質問し、桑原は「LGBTの方々へのパートナーシップ証明書につきましては、法制上の制約等もございますので、多様性社会を推進するこの検討会において、さらなる検討を進めてまいりたいと存じます」と答えた。

なお、桑原が検討会の立ち上げを決めたのは、パートナーシップ証明やLGBTの問題に対し、区としてどのような解決策や支援策が提示できるのか、自身ではその答えを持っていなかったからである。

今、パートナーシップ証明を出すことが、タイミングとしていいのか悪いのか。パートナーシップ証明が実現したとして、たとえばパートナー関係であることをより周知させるため、住民票に記載することは、法的に可能なのかどうか。

そういったことも含めてきちんと答え、渋谷区が団体意思として決定するためには、検討会を立ち上げ、複数の人に客観的に考えてもらう必要がある、と桑原は考えていた。

◆

検討会のメンバーは8名。まとめ役を務めたのは、元立教女学院短期大学教授でフェミニストの海老原暁子であり、ほかに左京や、当時の渋谷女性センター「アイリス」の職員、渋谷区の戸籍課の担当課長、弁護士らが名を連ねた。

そしてその中に、渋谷区教育委員会の元教育長である池山世津子もいた。

池山は1969年、東京都の職員となり、以来約40年間、公務員として生きてきた。

最初に配属されたのは都の広報室だったが、1972年に東京都児童会館、1974年に心身障害者福祉部に異動し、障害児行政に取り組んだ。しかし「住民と直に接することのできる仕事がしたい」との思いから異動希望を出し、1981年からは渋谷区でケースワーカーを務めることになった。池山は語る。

「周りからはよく『変わってるね』と言われました。みんな、あまりやりたがらない仕事なのに、と。でも職員として一番面白かったのは、ケースワーカーの仕事でした。私の担当エリアは笹塚、幡ヶ谷、本町あたりで、生活保護を受けている方、高齢者の方、障害者の方、とにかくいろいろな方たちの相談を受けました」

6年間のケースワーカー生活を終えた後、管理職となった池山は、保護課、保健所、福祉事務所と職場を変えつつ、福祉に携わり続けた。

ホームレス対策にも、全力で取り組んだ。山谷争議団やのじれん、新宿連絡会とがっぷりよつに組み、「区としてもできるだけのことをやるから」と、自立を促した。面接を受けるホームレスたちのために、区役所の地下にシャワーを設置し、背広やYシャツ、下着を用意したこともあれば、年1回、保健所と組んで結核検診も実施した。

なお、2002年、2年間の保健所への出向を経て、部長として再び福祉部へ戻った池山に、難問が待ち構えていた。

東京都と特別区は、「路上生活者対策事業に係る都区協定書」を締結し、2000年度から共同して路上生活者対策に取り組んでいた。その内容は、23区を5ブロックに分け、緊急一時保護センターと自立支援センターを1か所ずつ、ブロック内の各区に5年ごとに設置するというものである。当時、渋谷区は自立支援センターを作らなければならなかったにもかかわらず、「適した土地がない」ことから、準備は遅々として進まなかった。

他の区から「約束違反だ」と責められ、困っていたときに、当時助役だった桑原が「私がやるから、少し待っていなさい」と言ってくれた。

2003年4月、桑原が区長に就任するやいなや、話がスムーズに進むようになり、代々木の修養団の近くに、無事自立支援センターが完成した。

池山が教育長に就任したのは、2005年のことである。発達障害者支援法が施行された年であり、このころ教育の現場でも、特別の支援を必要とする子どもたち（発達障害など）を持つ子どもたちをいかに指導するかが議論されるようになっていた。

池山も教育長として、発達障害者の支援に取り組むこととなり、「発達障害とはなにか」を学び直すため、大学院に入学。教育長退任後は、2014年4月に設立された「子ども総合支援センター」のセンター長として、関わり方が難しい子どもと、その家族の支援を行っている。

桑原から「検討会に入ってほしい」とのオファーがあったのは、子ども総合支援センターに着任して間もないころだった。

桑原が池山に声をかけたのは、障害者の問題と向き合ってきた池山なら、やはり生きるうえでの困難を抱えているLGBT当事者の立場に立ち、踏み込んで考えてくれるのではないかと思ったからである。

◆

「一度、検討会のメンバーと当事者とを会わせた方がいい」と考えた左京の仲立ちにより、海老原以下数人が「irodori」にやってきて、杉山や松中と話をしたのは、2014年8月のことだった。

このとき、海老原はがんを患っていた。卵巣を原発巣とする進行がんで、すでにほかの臓器へも転移しており、三度目の再発に見舞われたばかりだった。「海老原さんは『命を削ってでもこれ（パートナーシップ証明）はやり遂げる』という覚悟で、今日ここへ来ているのよ」というメンバーの言葉を、杉山はよく覚えている。それほど検討会内での海老原の存在は大きかった。

ざっくばらんにいろいろな話をした後で、海老原は杉山に「今度、正式に検討会に来てお話をしていただけませんか」と言い、やがて杉山のもとに「10月10日に渋谷区役所に来てほしい」との連絡が入った。

そのころ、グッド・エイジング・エールズが東京都から認定NPO法人の認定を取得し、10月10日には「irodori」でパーティーが開催されていた。杉山と松中は途中でパーティーを抜け出し、区役所へ向かった。松中がいつもどおり、大きな蝶ネクタイをし、帽子をかぶっていたため、杉山はタクシーの中で「ゴンちゃん、蝶ネクタイはとった方がよくない?」と言い、区庁舎のエレベーターの中でも「ゴンちゃん、帽子もとった方がよくない?」と言った。

検討会が行われている会議室に入った瞬間、松中は「文野が言うとおり、蝶ネクタイも帽子もとってよかった」と思ったという。

「室内には10人弱くらいの人がいたのですが、静まりかえっていて、厳粛な雰囲気でした。このときまで、何を話すかも具体的に知らされていなかったし、いつもの講演会とは全然勝手が違うので、どのくらいの温度感で話せばいいか迷いましたが、まずは促されるままに自己紹介をし、ライフヒストリーを話しました」

続いて池山から、「何か困っていることはありますか?」との質問があった。杉山は、本人の見た目とパスポートや投票所入場券に記載されている性別にギャップがあるために、バーレーンで「性別不審」により入国を拒否されたこと、投票所の入口でいつも止められることなどを話し、戸籍変更の難しさ、LGBTであることを証明する手段の必要性などを訴えた。一方松中は、男性二人で部屋を借りる難しさについて説明し、「かつてパートナーが食中毒で倒れ、救急搬送されたとき、親族でないため、最後まで付き添うことができなかった」といったエピソードを話した。

その後もさまざまな質問をされ、話を終えたときには、当初の予定時間をはるかにオーバーしていた。杉山と松中は、最後に「僕らはこうしてオープンにしていますが、世の中にはまだまだ、誰にも言えずにいる人がたくさんいるんです」と伝え、会議室を出て、再び「irodori」へと戻った。

二人の当事者の話は、検討会のメンバーに少なからぬ衝撃を与えた。

後で杉山が聞いたところによると、二人が会議室を出てから、さまざまな意見が飛びかったそうである。中でも池山は「長年教育に携わってきて、数えきれないほどの子どもたちを相手にしてきたけれども、ＬＧＢＴの子どもなど、今まで一人もいないと思っていた。今日の話が本当なら、自分は取り返しのつかないことをしてきてしまったかもしれない。これは、今すぐ取り組むべきだ」といった趣旨のことを、熱く語ったという。

パートナーシップ証明についての審議にエンジンがかかったのは、このときからである。

そして、病状が悪化し入院した海老原にかわり、検討会のまとめ役を担ったのは、池山だった。

◆

検討会がスタートしたころ、話し合いの内容は「検討すべき問題としてはどのようなものがあるか」に終始していた。

この時点では、メンバーの意識は、それぞれ異なっていた。6月の岡田の質問および桑原の回答により、パートナーシップ証明についての検討も行われることが明確になったが、メンバーの中には、「この検討会は、男女共同参画の条例化を目的としたものである」と聞いて参加した者もいた。

杉山と松中が検討会に呼ばれたのは、「LGBTの問題はまだ新しく、勉強が必要だ」という判断に基づいてのことであり、池山が「何が問題であり何に困っているのか、当事者の話を聞きたい」と提案したからである。

検討会立ち上げ当初、池山のLGBTに関する知識は皆無に等しかった。ケースワーカーとしての経験や、障害者福祉、発達障害を持つ子どもたちの教育に携わった経験から、池山は「まず、当事者の『困り感』を知ることが大切だ」と考えていた。

そんな池山ももともとは、障害者行政に携わってきた立場から、「障害者についても、議論の対象にしてほしい」との思いで検討会に参加していた。しかし杉山と松中の話を聞いて、気持ちが少し変化したという。

「お二人の話を聞いて、『日常生活の中で、実際にどんなことに困っているか』がよくわかったし、自分の責任ではないところで苦労している点が、障害を持っている人たちと似ていると思いました。また、男女平等や障害者の問題については、すでにある程度議論され、男女雇用機会均等法や障害者権利条約など、法や制度が整えられています。でもＬＧＢＴの問題は新しく、勉強しなければならないことも議論の余地もたくさんあるし、啓発活動も必要だと思いました。そのため、ほかの問題よりも長く時間をかけることになりました」

「ダイバーシティ」という切り口からパートナーシップ証明を実現しようと考えていた長谷部とは異なり、池山はあくまでもＬＧＢＴの問題を「人権問題」としてとらえていた。

検討会では、「どのような形でパートナーシップ証明を発行するか」についても話し合われた。

婚姻届は、基本的に「生涯この人と添い遂げよう」という決意のもとで提出されるものである。それによって互いの権利義務関係が生じ、たとえどちらかが病気になったり破産したりしても、夫婦で助けあって生きていく。

戸籍法に抵触しない範囲で、パートナーシップ証明に婚姻届に近い性格を持たせるにはどうしたらいいか。メンバーたちは弁護士や民法の研究者などの意見を聞きながら議論を重ね、「パートナーが互いに相手を任意後見人とする任意後見契約を公正証書で作成し、登記まで完了させる」「共同生活に関する合意契約書を公正証書で作成する」といった条件を定めた。

こうした条件を設定した理由について、池山は語る。

「パートナーシップ証明を、いい加減な気持ちで申請されたり発行されたりするものにしたくはありませんでした。男女の夫婦と同じように、どんなときも、生涯にわたたって助け合うということをきちっとした形で表した二人に対して、渋谷区が証明書を出す。それがあるべき姿ではないか、と。そのためにも、少しハードルは高くなってしまいますが、やはり任意後見契約や公正証書は必要だと判断しました」

その後、男女共同参画や、障害者差別、人種差別などについての話し合いの結果も含めて、報告書としてまとめられ、２０１５年1月20日、海老原から桑原に手渡された。

条例成立、そして実施へ

２０１５年2月12日、渋谷区の平成27年度の当初予算のプレスリリースが行われた日、「渋谷区が、同性カップルに『パートナーシップ証明書』を発行する条例案を、3月の区議会で提出することを決定」というニュースが一斉に流れた。

通常、こうした条例案は、総務区民委員会に報告されたうえで定例会に提出される。しかし「男女平等及び多様性を尊重する社会を推進する条例案」はそうした手続きを経ていなかったため、ニュースを観て初めて知った区議も多く、3月の渋谷区議会第1回定例会に提出された後も、一部の議員から「手続きは正当だったのか」「検討事項が多く残されており、条例制定は拙速ではないか」「男女の共同参画すら渋谷区では達成できておらず、ほかにもやることがあるのではないか」といった意見が飛び出した。

また巷でも、当事者、非当事者を問わず、パートナーシップ証明という制度自体の是非や、証明書発行のプロセスなどについて、さまざまな議論が繰り広げられ、反対派による抗議デモなども行われた。

その間松中は、「自分たちにできることはないか」と、署名サイトで渋谷区を応援するキャンペーンを立ち上げ、世界じゅうから集まった１万１０００を超える賛同の声を、陳述書とともに議会に届けたり、グッド・エイジング・エールズで勉強会を開いたりと、全力で走り回った。

そして２０１５年3月31日、「渋谷区男女平等及び多様性を尊重する社会を推進する条例」は可決された。定員わずか50ほどの傍聴席には杉山、松中ら数人のＬＧＢＴ当事者も座り、可決の瞬間をともに喜んだ。

ちょうど１週間前に海老原の葬儀に参列した杉山は、区役所前に山のように押し寄せた報道陣のインタビューに応えながら、これまでに関わった多くの人々の顔を改めて思い浮かべ、胸が熱くなったという。

2015年3月31日、同性パートナーシップ条例成立を喜ぶ松中、杉山ら。渋谷区役所前で。（写真提供・杉山文野）

なお岡田は、条例の成立について、次のように語る。

「今回の条例は同性婚を目的としたものではないし、証明書の申請に踏み切る同性カップルも、まだそれほど多いとは思いません。ただ、LGBTに関することが条例に盛り込まれ、具体的な行政サービスの対象となったのは、とても意義のあることだと考えています。LGBTであることに悩んでいる若い世代や子どもたちには『自分たちも、社会の一員として生きていっていいんだ』と感じてほしいし、渋谷での条例成立をきっかけに、こうした動きが少しずつ日本中に広がっていくといいな、とも思っています」


しかしその後もしばらく、アゲインストの風は吹き続けた。

長谷部からすると、パートナーシップ証明は、足かけ3年以上かかってようやく実現した制度だった。しかし、条例成立直後の4月2日に長谷部は桑原前区長の後継指名を受け、同月26日に行われる区長選への出馬を表明。そのタイミングの良さに、世間からは「条例の成立が急すぎる」「選挙に合わせた、話題作りのための条例」との批判も浴びた。長谷部は語る。

「条例案の提出が決まったのは2月頭、区長選への出馬を決めたのは3月頭であり、区長選を見据えて条例案を出したわけではありません。それにパートナーシップ証明を政争の具にしたくはなかったし、『ミスターLGBT』のような形で選挙戦を戦いたくはありませんでした。LGBTへのアプローチも大事ですが、マジョリティへのアプローチも同じように大事です。同性パートナー証明書以外にも、実現させたい政策はいろいろとありますから」

また、渋谷区では2009年に宮下公園の命名権をナイキ・ジャパンに売却し、スケート場やフットサル場などの有料施設を備えた公園として改修。それに伴い、同公園で生活していたホームレスを立ち退かせ、自立支援センターへの入所支援等を行った。区長選の際には「長谷部は、ホームレスの『強制排除』を行った前区長の後継指名を受けている。長谷部はLGBT寄りの政策を行うことで、ホームレスへの『人権侵害』をごまかそうとしている」との声もあった。

「僕は、スポーツに熱心に取り組んでいる企業と区が協力してスポーツ公園を作るのは、とてもいいことだと思っています。一方で、ホームレスの人たちには、社会復帰してほしいと考えているし、そのために、ホームレス支援団体の人たちを交えたプロジェクトチームを作っています。ホームレスの人たちや、ネットカフェに寝泊まりしているような若者たちがよりよい生活を送れるよう、できるだけのことはやるつもりでいます」

◆

世間の声に対し、戸惑いを覚えたのは、桑原も同様だ。

桑原は若いころ、女性同士の愛情を描いた谷崎潤一郎の小説『卍』を読んでおり、「同性愛は昔から存在しているのに、社会が今まで、そこに目を向けていなかっただけだ」と認識していたという。

そんな桑原にとって、パートナーシップ証明は、あくまでも「社会を変えていくため」の第一歩にすぎなかった。

パートナーシップ証明を申請できるような大人のＬＧＢＴは、すでに自分を肯定し、生きていく力を持っており、さほど心配する必要はない。しかし「自分は同性しか好きになれない」「自分の生まれつきの性別に違和感を持っている」と言えずに苦しんでいる子どもたちが、世の中にはたくさんいる。

ＬＧＢＴの問題を根本的に解決するには、そうした子どもたちが少しでも生きやすくなるよう、教員や親たちがしっかり勉強し、考え、環境を整えていく必要がある。

桑原はそう考えており、世間がパートナーシップ証明ばかりを取り沙汰することに対し、違和感を覚えていた。

また池山も、メディアなどで「パートナーシップ条例」という言葉が出るたびに、

「違うのになあ」と思ったという。

「あの条例はＬＧＢＴやパートナーシップ証明に特化したものではありません。もともとは男女共同参画に関するものだったし、私たちはＬＧＢＴの方たちも含め、いろんな人が生きやすい渋谷になるといいな、という思いを込めて、報告書をまとめたんです。それなのに、『家族制度が壊れる』などと言い出したり、条例そのものを否定したりする人が現われた。これが話題になったことで、ＬＧＢＴの問題に対する認知が広がったのはよかったと思いますが、パートナーシップ証明のことばかりが一人歩きしすぎているな、という不安はあります」

一部のメディアが「条例は、区民や不動産業などの事業者に対し、証明書を取得したカップルを、夫婦と同等に扱うよう求めており、違反した事業者は名前を公表する」と報道していることに対しても「委員会では、女性であれＬＧＢＴであれ障害者であれ外国人であれ、差別区別なくきちっと対応している企業や組織に対しては、顕彰しましょう、褒めましょうと話していたんです。褒めることによって広がっていくだろう、と。それなのに、『罰則規定』ばかりが曲解され、クローズアップされてしまいました」と池山は語る。

実際、条例には「区は、男女平等と多様性を尊重する社会の推進について、顕著な功績を上げた個人又は事業者を顕彰することができる」との条項があり、「罰則規

定」についても

・区民及び事業者は、区長に対して、この条例及び区が実施する男女平等と多様性を尊重する社会を推進する施策に関して相談を行い、又は苦情の申立てを行うことができる

・区長は、前項の相談又は苦情の申立てがあった場合は、必要に応じて調査を行うとともに、相談者、苦情の申立人又は相談若しくは苦情の相手方、相手方事業者等（以下この条において「関係者」という。）に対して適切な助言又は指導を行い、当該相談事項又は苦情の解決を支援するものとする

・区長は、前項の指導を受けた関係者が当該指導に従わず、この条例の目的、趣旨に著しく反する行為を引き続き行っている場合は、推進会議の意見を聴いて、当該関係者に対して、当該行為の是正について勧告を行うことができる

・区長は、関係者が前項の勧告に従わないときは、関係者名その他の事項を公表することができる

と記されている。つまり「罰則規定」はなにも、パートナーシップ証明に限ったことではなく、また助言や指導、勧告を経て、それでも従わなかったときには「区長

が名前を公表することができる」と定めているにすぎない。

このように、さまざまな意見や誤解等はあるものの、同条例がＬＧＢＴをめぐる状況に大きな影響を与えたことは確かである。

世田谷区は２０１５年３月30日、同性カップルの公的承認について、４月１日付けで庁内にプロジェクトチームを発足させると発表。また、横浜市や宝塚市でも、同性パートナーに関する制度の導入が検討されていると報じられた。

◆

２０１５年４月、条例第十四条に基づき、条例の具体的な施行方法等についての検討を行うため、「渋谷区男女平等・多様性社会推進会議」（以下、推進会議）が発足した。同会議には、研究者や弁護士などが委員として選任され、ＬＧＢＴ当事者として、杉山も参加した。

「推進会議が発足した日に、桑原前区長もいらっしゃいました。区長選の前だったんですが、『選挙の結果がどうなろうと、条例は成立したのだから、絶対にやりとげてください』というメッセージとともに委嘱状を手渡され、とても嬉しかったですね。ただ、僕はずっと『自分はＬＧＢＴ全員の代表でも代弁者でもない』というスタンスでやってきたんですが、当事者という立場で委員会に参加しているメンバーが自分ひとりである以上、そうはいきません。もっと勉強をし、できるだけ多くの人の意見を参考にしなきゃいけない。そして『僕は』ではなく『僕たちは』と発言し、より責任を持って取り組んでいく必要があると思いました」

推進会議では、区長からの諮問に基づき、パートナーシップ証明の運用規則についても話し合われ、中でも申請要件については、専門家や当事者からのヒアリングやアンケートを踏まえて、活発な議論がなされた。

条例第十条では、パートナーシップ証明を申請する際、「お互いを後見人とする、任意後見契約に係る公正証書」と「共同生活の合意契約に係る公正証書」の2種類が必要であるとされている。

しかし、任意後見契約の公正証書の作成には最低でも約6万円、合意契約の公正証書の作成には内容や公証人側の計算方法により約1万5000円から数万円の手数料が発生し、法律家に作成を依頼した場合には、別途報酬も必要となる。

条例成立当初から、申請にまつわるこうしたハードルの高さは問題とされていたが、推進会議では、やはり条例第十条に記されている「区長が特に理由があると認めるときは、この限りでない」の一文に注目。特例扱いが可能なのはどのようなケースか、についての検討が行われ、

・相手方以外の者と任意後見契約を締結し、又は締結しようとしており、かつ、相手方がこれに合意しているとき
・性別の取扱いの変更の審判を受ける前の性同一性障害者で、審判を受けた後、婚姻することを当事者間で合意しているとき
・生活又は財産の形成過程であり、任意後見受任者に委託する事務の代理権の範囲を特定することが困難であるとき
・その他区長が合理的理由があると認めるとき

については、「当事者の一方の身体能力又は判断能力が低下したときは、相手方当事者は、当該人の生活、療養看護及び財産の管理に関する事務を可能な限り援助し、当該人の意思を尊重し、かつ、その心身の状態及び生活の状況を配慮すること」「当事者間で必要が生じたときは速やかに、任意後見契約に係る公正証書を作成すること」を条件に、合意契約の公正証書のみで、証明が受けられることとなった。

また、証明の対象者の要件については、

・渋谷区に居住し、かつ、住民登録を行っていること
・20歳以上であること

・配偶者がいないこと及び相手方当事者以外の者とのパートナーシップがないこと
・近親者でないこと

とされ、ほかに、申請時の手続きや、内容に変更が生じたとき、パートナーシップを解消したときの手続きについても話し合われた。

◆

推進会議での検討結果は、数回にわたり渋谷区議会の総務区民委員会で報告された後、10月の区議会第3回定例会にかけられ、承認された。

3月の区議会では、主に自民党の区議たちが、条例案に対し反対の意を表明した。また、条例案可決に先立つ3月26日、総務区民委員会から前田和茂渋谷区議会議長に対し、「審査の結果、(条例の)原案を可決すべきものと多数をもって決定した」との審査報告書が提出されたが、そこには、

一、男女平等・多様性社会推進行動計画の策定に当たっては、区民と事業者に対して講演、説明会等を開き、条例の理念を徹底するよう努められたい。

一、「診断後」、「治療中」である性別変更前の性同一性障害者へは特段の配慮を講じるよう努められたい。
一、パートナーシップ証明発行の区規則策定に当たっては、運用前に少なくとも二回以上、委員会に報告するよう努められたい。
一、パートナーシップ証明発行の区規則においては、丁寧に、公平に、かつ厳格に運用されるよう努められたい。
一、相談及び苦情への対応に当たっての関係者名等の公表は避けるよう努められたい。
一、男女平等と多様性を尊重する社会を推進するための拠点施設については、渋谷女性センター・アイリスの運営委員会を継続するとともに体制を拡充し、これまでの女性団体等の活動が後退することのないよう努められたい。

といった附帯決議が記された。

しかし今回は、申請要件が若干緩和されたにもかかわらず、総務区民委員会においても定例会においても、特に反対意見が出ることなく、比較的スムーズに合意が得られた。

なお、岡田とともに総務区民委員会の委員を務める栗谷順彦区議（公明党）も、積極的に賛同した一人である。

パートナーシップ証明に対し、自民党の国会議員などから「慎重」な意見が出される中、栗谷区議によるほかの会派との意見交換なども、条例成立や運用規則の承認において、前向きな役割を果たしたようだ。

栗谷は1957年2月に秋田県大曲市で生まれ、10年にわたる演劇活動や会社員生活を経て、2003年春に渋谷区議会議員となった。

第一次自公政権のもと、「性同一性障害者特例法」が成立したのは、この年の7月である。

そのころから、栗谷自身もLGBT、特に性同一性障害の当事者と接する機会が多くなった。党の先輩の女性区議と一緒に、ヒアリングを行ったこともある。「幼いころから生まれつきの性別に違和感があり、周囲の人々からも自分のありようを全否定されて生きてきた」といった当事者の生の声を聞き、栗谷は「これは真剣に取り組まなければいけない問題だ」と強く感じたという。

なお、このヒアリングの結果を踏まえ、先輩区議は議会で「渋谷区でも、当事者が不快な思いをしないよう、行政窓口の受け入れ態勢をしっかり整えてほしい」といった趣旨の発言をした。以後、栗谷たちにとって、「性同一性障害の当事者に対し、具体的にどのような支援ができるか」は、大きな課題の一つとなった。

そんな栗谷が「2015年3月の区議会定例会に『渋谷区男女平等及び多様性を尊重する社会を推進する条例案』が提出される」と知ったのは、2月12日のニュース報道によってである。

最初、栗谷は、総務区民委員会への報告がまったくなかったことに驚き、「パートナーシップ証明を行う理由」として提示された内容に違和感を覚え、また「国が同性婚を認めない限り、成立は難しいのではないか」とも思った。しかしやがて「法的根拠はなくても、二人の関係が公に認められたという『充足感』が得られることこそが、当事者にとっては大事なのではないか」「まずは枠組みを作り、一自治体ができるギリギリのところまでやってみる価値があるのではないか」と考えるようになったという。栗谷は語る。

「条例案の前文を読んだとき、『世の中はまさに、このように変わっていかなければいけない』と思いました。ただ一方で、条例案の段階では、当事者に対しどのようなサポートを行っていくかが見えづらく、また性同一性障害の問題に取り組んできた立場としては、条例が性同一性障害の当事者にとっても望ましいものになるよう、動く必要があると感じました」

3月2日、渋谷区議会第1回定例会で質問に立った栗谷は、「条例案では、性別変更の途上にある性同一性障害の当事者が、戸籍上同性のパートナーとパートナーシップ証明を受けることを想定しているかどうか」を確認。そのうえで、「同性パートナーシップ証明書によって、当事者の二人にどのような有形、無形の価値が生まれるのか」などについて区長の桑原に質問し、さらに「制度設計の完成度を上げる参考に」と、細則を定める際に留意するべき事項について、意見を述べた。

条例が成立すると、栗谷は「区議たちの、ＬＧＢＴに対する理解が深まるように」と、任意の勉強会を立ち上げた。それまで、ＬＧＢＴに関する区民向けの講演会や、渋谷区の職員向けの勉強会は行われていたものの、議員を対象としたものはなかったからである。栗谷には「条例を通した責任があるにもかかわらず、区議会内でのＬＧＢＴに対する理解は、まだまだ進んでいない。まずは区議たちの意識を変えなければ」という思いがあった。

勉強会には総務区民委員会の有志が参加し、すでに10回近く行われている。

◆

パートナーシップ証明書の発行が区議会で認められたことを受け、渋谷区は10月23日、記者会見を開き、

・パートナーシップ証明の対象者の要件
・証明に当たっての確認事項
・パートナーシップ証明を行う場合の確認に関する特例
・証明書の交付を受けた者の義務等
・事前相談窓口
・発行受付
・証明書交付窓口

などを記した「渋谷区パートナーシップ証明書の案内」を配布。さらに、同月28日に証明書の発行受付を、11月5日に交付を開始すると発表した。

この席上で長谷部は「たくさんの議論を重ねてここまできましたが、100%完璧なものかというと、自信はありません。今後もいろいろなご意見をちょうだいし、リニューアルしながら、しっかりしたものになっていけばよいと考えています」と述べた。また、証明書を取得した同性カップルは区内の賃貸住宅への入居資格が得られるほか、区の勤労福祉会館などでも夫婦と同等のサービスが受けられることを説明し、「行政だけでなく、民間の動きにも大きく期待しています」と語った。

世田谷は「性的マイノリティを差別しない」

2015年8月4日、保坂展人世田谷区長は記者会見を開き、「世田谷区パートナーシップの宣誓の取扱いに関する要綱」を発表した。

同要綱は「パートナーシップ宣誓書を提出した同性カップルに対し、区が収受印を表示した宣誓書の写しと受領証を交付する」ことを定めたものであり、「同性カップル」の定義や宣誓の要件、手続きの方法などが記されている。なお要綱とは、行政サービスが公平に行われるために作成される、事務処理用のマニュアルのようなものである。

これまで日本の行政には、「同性カップルに対する施策」がまったく存在していなかった。

ところが2015年、東京都の隣り合う二つの区で同時に、同性パートナーシップに関する書類が発行されることとなったのである。

しかも渋谷区の場合は、区議会で決定される「条例」、世田谷区の場合は、区長の権限で策定される「要綱」と、両者のやり方がまったく異なる点も興味深い。

ここでは、渋谷区に続き、なぜ、いかにして、世田谷区で同性パートナーシップに関する書類が発行されることになったのか、その過程を追ってみたいと思う。

◆

保坂は1955年11月26日、宮城県仙台市で生まれた。父の転勤に伴い、東京へ引っ越したのは、5歳のときである。

学園闘争まっさかりの1960年代末に麹町中学校に進学した保坂は、学校内で政治的・社会的な内容の新聞を創刊し発行し続け、ベトナム戦争反対の市民集会への参加などを行った。すると学校側はその事実を内申書に記載。試験の点数自体は合格ラインをクリアしていたにもかかわらず、保坂は受験したすべての全日制高校で、不合格とされた。

こうした経験を踏まえ、教育ジャーナリストとして「管理教育の打破」などを主張してきた保坂が、社民党公認で衆議院議員選挙に出馬・当選したのは、1996年のことである。

一貫して「少数派」への共感と問題意識を持ち続けた保坂は、国会議員になってからも、亡命者の入管問題や受刑者の待遇改善、子どもの虐待防止などの活動に取り組んだ。

そんな保坂の周りには、常にLGBT当事者がいた。

ジャーナリスト時代に親交のあったフェミニストの中にはレズビアンがいたし、国会議員としての活動をボランティアで手伝ってくれたメンバーの中にも、ゲイの若者が何人かいた。

渋谷区で開催された「東京レズビアン&ゲイパレード」に参加することになったのも、彼らとの交流がきっかけである。なかなか都合がつかず、2001年は前夜祭に顔を出すだけにとどまったが、2006年には日本の国会議員として初めて、LGBT当事者たちと一緒に、青山通りや表参道を歩いた。そのときに感じたのは「LGBTは、こんなにもたくさんいるのか」ということだった。

なおパレードには、のちに世田谷区議会で深く関わることになる、上川あや世田谷区議も参加していた。上川はMtFであり、保坂と上川は2003年、性同一性障害者特例法が成立した折に、ともにトークイベントのパネラーを務めたこともある。

パレードに参加して5年後、2011年の春に、保坂は社民党を離党して世田谷区長選挙に出馬・当選した。区として「LGBT成人式」を後援することを決めたのは、区長に就任して間もなくのことである。

LGBT成人式とは、早稲田大学公認の学生団体「Re：Bit」の主催による、文字通り「LGBTの若者たちのための成人式」であり、日本初の試みだった。翌年1月、区内のホールで開催された式には、上川ら複数の区議とともに保坂も会場へ赴き、祝辞を述べた。以後世田谷区では毎年、LGBT成人式が開催されている。

保坂は語る。

「区長になってすぐにLGBT成人式を後援すると決めることができたのも、その前から上川議員が、LGBTの人権保障や、児童生徒の相談窓口の開設といった課題

世田谷区のLGBT成人式の様子。2012年から毎年1月に行われている。（写真提供・上川あや）

提起をし続けてくれていたおかげであり、ほかの議員さんからの抵抗は皆無でした。もし他の自治体で同じことをしようと思ったら、反対される可能性が高かったのではないかと思います」

◆

その上川は１９６８年1月25日、東京都台東区に三人兄弟の次男として生まれた。幼いころから女の子向けのアニメを観たり、人形遊びをしたりするのが好きだったが、第二次性徴を迎えると、男の子に恋愛感情を抱くとともに、男性化していく自分の身体に違和感を覚えるようになった。

大学卒業後、上川は「男性ばかりを好きになる」「自分の身体が嫌で仕方がない」といった自分の本当の気持ちを押し殺し、「男性」として都内の公益法人で働き始めた。しかし１９９５年2月、ゲイ雑誌で知った「トランスセクシュアルの勉強会」に参加。そこで大勢の仲間と出会ったのをきっかけに、「身体への違和感を緩和できそうなホルモン療法を受けたい」と思うようになり、女性ホルモンの投与を開始した。

身体に明らかな変化があらわれ始めたころ、5年3か月勤めた会社を退職した上川は、１９９８年、「性同一性障害」であるとの診断を受けた。以後、世田谷区へ転居し、改名も認められ、女性としての暮らしをスタートさせた矢先に直面したのが、「戸籍の性別」の壁である。

上川は「派遣OL」として働くうち、将来に不安を感じ、「男性だった過去を伏せて、正社員になれないだろうか」と考えるようになった。しかし正社員になれば、社会保険に加入する必要があり、年金手帳の性別を変えない限り、経営者に、「元・男性」であることが知られてしまう。

上川は社会保険事務所に行き、性別変更の申請を行った。担当官は親身になって話を聞いてくれたが、後日、申請は却下された。

一方、2001年5月には性同一性障害の当事者6人が、国内4か所の家庭裁判所に対し、戸籍の性別訂正を求める一斉申立てを行ったが、いずれも却下された。裁判所が挙げた理由は「国民のコンセンサスが得られていない」「これは立法によって解決を図るべき問題である」というものだった。

法律や条例、通達、前例などがなければ、行政も司法も、自分たちのために動いてはくれない。残された手段は「立法によって戸籍の性別変更を可能にすること」だけだが、ただの一市民では、なかなか立法を司る国会議員に会ってもらえない。

「ならば、選挙に出よう。女性の姿で『戸籍は男性』と明かし不条理を訴えれば、話題にもなるだろう。会おうともしない国会議員の人たちも振り向くかもしれない」。

そう考えた上川は２００３年春、世田谷区議会議員選挙に出馬。初めての選挙戦は戸惑うことばかりだったが、少しずつ支持者を増やし、72人中6位で当選した。メディアからも世間からも注目される中、上川は立法に向けて精力的に活動し、わずか2か月半後の２００３年7月10日、国会で「性同一性障害者特例法」が成立した。

その後上川は障害者支援やひとり親家庭支援などに取り組みつつ、ＬＧＢＴ支援につながる質問や提案を積極的に行った。

２００４年1月、世田谷区の行政書式の大半から不要な性別欄が一斉削除された。２００７年3月に発表された「世田谷区男女共同参画プラン」には、施策の一つとして「性的少数者への理解促進」が盛り込まれ、性的少数者を理解する講座やセミナー、区立学校教員を対象とした人権教育推進にかかわる研修などが行われることとなった。

また２０１２年4月、それまで人権専門所管がなかった区役所の生活文化部内に、人権・男女共同参画担当課が設置され、２０１２年8月からは都内で唯一、「区の相談窓口が、性的マイノリティに関する相談にも対応する」と明示されるようになった。

さらに、２０１４年3月に策定された「世田谷区基本計画」では「多様性の尊重」

が謳われ、「取組み事業の内容」には「女性や子ども、高齢者、障害者、外国人、性的マイノリティなどを理由に差別されることなく、多様性を認め合い、人権への理解を深めるため、人権意識の啓発や理解の促進をします」と記された。

基本計画は、向こう10年間に区が取り組む施策の方向性を明らかにした、区政運営の基本的な指針であり、区の最上位の行政計画である。そこに「性的マイノリティを差別せず、その理解を促進しなければならない」と書かれたことは、のちに「世田谷区パートナーシップの宣誓の取扱いに関する要綱」策定の強力な裏付けとなった。

「要綱」がいかにしてできあがったか

2014年5月、上川は中川智子市長から「市職員と市議の合同研修会で話をしてほしい」と依頼され、兵庫県宝塚市を訪れた。元衆議院議員の中川とは、11年前、性同一性障害者特例法成立に向けてのロビー活動を行っていたころからのつきあいである。

中川が上川を呼んだのは、宝塚市で、同性パートナーシップを認める施策を行いたいと考えたためだった。上川はリクエストに応え、自分自身の生い立ちや議員としての活動内容、さらに同性パートナーシップをめぐる国内外の状況についても話をした。

なお、宝塚市役所の1階には、立派なホールがある。「選挙の際に、公約の一つとしてホールの活性化を掲げた」という中川に、上川は「じゃあ、パートナーシップが認められた同性カップルの挙式に使えばいいじゃないですか」などと言い、自らが温めてきた同性カップルを認める手段について話した。そして思った。

「ほかの自治体にこんな話をしておきながら、自分の街で同性パートナーシップを認める制度づくりを躊躇しているのは、おかしいのではないか」

渋谷区議会で長谷部や岡田がパートナーシップ証明に関する質問を行ったことは、すでに知っていた。しかし、その後の答弁は停滞を予感させるものだった。上川には「渋谷で実現するのが難しいなら、やはり保坂や自分がいる世田谷でやらなければ」との思いもあった。

東京に戻った上川は、保坂の約束をとりつけ、8月のある日、区長応接室でレクチャーを実施。同性パートナーシップをめぐる、欧米各国や日本の状況を説明した。

欧米のさまざまな事例のうち、特に上川が「参考になりそうだ」と感じたのは、1999年にドイツのハンブルク市が開始した同性カップルの登録パートナーシップ制度、いわゆる「ハンブルク婚」である。

ハンブルク婚はあくまでも市の条例にすぎず、該当する行政区域内でしか適用されないし、パートナーシップ登録を行っても、何の法的な義務も権利も発生しない。しかしそうした自治体の動きが後押しとなり、2001年にはドイツで「生活パートナーシップ法」が成立。官庁に登録した同性カップルに、婚姻に準じた保護が認められるようになった。

それを踏まえて上川は「地方自治体がやることには意味がある」「法的権利が認められなくても、そこにいる同性カップルのステイタスを認めることが大事である」と述べ、「日本人のLGBTに対する寛容度は、決して低くはない」「世田谷区でも、同性パートナーシップを認める施策を行うべきだ」と訴えた。

そして9月半ば、世田谷区議会第3回定例会で、上川はこう質問した。

「欧米では、多くの自治体が独自に同性パートナーの登録認証制度を運営し、市内の病院、刑務所での面会権、学校に通う子の情報を同性カップルの両親で得る権利を認める等、さまざまな便宜を図っています。区でも第一歩として同性間パートナーシップの名義的な届け出を受け付ける等、できる方策を検証、検討していただけないでしょうか」

これに対し、保坂は次のように答えた。

「基本構想、そしてさらに具体的にセクシュアルマイノリティの差別の解消ということをうたった基本計画の内容を具体的に実現するために、自治体としてどのような取り組みが必要なのかという観点から、所管部には国内外の自治体の取り組み事例などを調査、参照して、研究、検討するように指示し、対応を立てていきたいと考えております」

◆

区長の保坂から前向きな答弁を得たうえで、次に上川が「必要だ」と考えたのは、「実際の同性カップルの存在を示すこと」だった。

上川は語る。

「世田谷区政策経営部の広報広聴課は、区に寄せられるはがきや封書、ファックス、eメールなど、すべてに目を通しています。でも担当者に確認したところ、今まで、区内の同性愛者から何らかの意見や苦情、要望などが寄せられたことは、一度もないとのことでした。それでは議員たちの心も動かせないし、行政も動きません。区内に同性愛者や同性カップルが存在すること、パートナーシップを認める制度にニーズがあることを、目に見える形で提示する必要がありました」

そこで、上川が声をかけたのが、レズビアンの西川麻実である。西川は女性のパートナーおよび互いの連れ子と、すでに10年間、世田谷区で生活をともにしていた。

西川は1973年4月、東京都三鷹市で生まれた。

「自分は女性が好きなのかもしれない」と自覚するようになったのは、中学2年のときである。中高一貫の女子校に通っていた西川は、中学3年から高校1年にかけて、初めて好きになった女の子とつきあったりもした。

その後、美大への進学を希望し予備校に通ったものの、受験に失敗。浪人することになった西川は、高校の友人たちと離れてしまった寂しさもあり、予備校で知り合った一人の男性とつきあいはじめた。

その男性とは1997年に結婚したが、性役割に関する夫婦間の価値観の違いが徐々に明確になり、西川は再び、女性との交際を考えるようになった。そこで何人かの女性と知り合ったが、「子どもがほしいから」との理由で上手くいかなくなることが多く、「それなら、もともと子どものいる女性とつきあおう」と思うようになったという。

知人主催の飲み会で現在のパートナーと知り合ったのは、2000年の夏である。男の子の母であり、またルックス的にも好みのタイプだった彼女に一目惚れしたが、そんな矢先、西川自身が妊娠していることが発覚。翌年女の子を出産し、さらに1年半後、離婚を切り出した。夫は交際当初から、西川が「女性が好き」なことを知っており、「今の生活が辛いし、自分はやはり女性とつきあいたい」と伝えたところ、渋々ながら承諾してくれた。

パートナーが夫と別居したのを機に、世田谷区で一緒に暮らしはじめたのは、2005年の2月である。名目上住所を分けるため、最初の7年間は近くのアパートの一室を別に借りていたという。2010年には、お台場のホテル「グランパシフィック・ル・ダイバ」で、友人や恩師を招いて結婚式も行った。

以後現在に至るまで、パートナーの子どもである二人の息子と西川の娘、三人の子どもたちを、ときにはけんかもしつつ、協力し合って育てている。

結婚式を機に、西川は同性パートナーシップについての思いや情報をシェアしたいと考え、「LGBTも『結婚式』したい」という集まりを開催するようになった。

そんな西川が、同性婚やパートナーシップ制度を具体的に日本でも作っていけるのではないかと思い始めたのは、２０１２年のことである。

この年の5月、アメリカのオバマ大統領が「同性愛者同士が結婚する権利を持つべきだ」との「個人的見解」を述べた、と報じられた。それを機に西川は、ＬＧＢＴの友人たちと「日本で同性婚やパートナーシップ制度を実現させるには、どうすればいいか」を話し合うようになった。

なおこのころ、ブライダル業界で働く知人が、ふと思いつきで「地方自治体が同性パートナーシップを認め、証明書のようなものを発行すれば、たとえ法的効力はなくても、同性結婚式を挙げる人が増えるのではないか」と口にした。またちょうど同じ時期に、やはり知人の杉山文野から「知り合いの区議が『区が同性カップルに証明書を出すのはどうか』と考えている」との話を聞いた。別々の知人から、偶然似たような発言が飛び出したため、気にはなったものの、それによってどのようなメリットが得られるのか、西川にはいま一つピンとこなかった。

もともと顔見知りだった上川と急激に親しくなったのは、２０１３年。法律ができる過程を学ぶため、友人らと開催したワークショップに上川を招いたのがきっかけだった。上川から「性同一性障害者特例法」成立にまつわる話を聞き、さらに「日本では、トランスジェンダーが裁判を起こした例は複数あるが、同性愛者が裁判を起こした例は『府中青年の家裁判』（宿泊施設「府中青年の家」の利用を拒絶された同性愛者の団体が、損害賠償を求めて、1991年2月に東京都を提訴した事件）一件しかない」と知った西川は、「やはり当事者が積極的に声を上げ、動かなければ」との思いを新たにしたという。

同年秋、上川からの勧めもあって、「世田谷区基本計画」策定に向けて行われたタウンミーティングに出席した西川は、「性的マイノリティ」という言葉をぜひ入れてほしい、と訴えた。

◆

上川や西川らの呼びかけにより、2015年1月末には、カップル、シングルを含め、区内に住む同性愛者などが集まった。以後、彼らは制度の実現に向け、「世田谷ドメスティック パートナーシップ－レジストリー」（以下、レジストリー）というグループ名で活動を開始。メーリングリストで密に連絡を取り合い、3月上旬までは週に一〜二度、顔を合わせるようになった。

当初、メンバーはそれぞれ、「パートナーシップ制度」に対し、異なるイメージや期待を抱いていた。そこでまずは、「どういった制度が実現可能か」「どのようなメリットが考えられるか」などについて、情報や価値観の統一が図られた。「法的権利を伴わなければ、意味がないのではないか」との意見に対し、上川が「今はまだ、『同性同士は入店不可』と、レストランの扉自体が閉ざされている状態。中に入れてもらって初めて、こういう料理が食べたいとか、その料理がおいしいとかおいしくないといった話になる。まずは入店を認めてもらうことが大事」と答えたことを、西川は今でもよく覚えている。

続いて、3月上旬までに区に要望書を提出することを前提に、「当事者として、自治体や制度に何を求めるか」についての意見交換やすりあわせ、実際の要望書案の検討が行われた。「3月上旬まで」としたのは、4月に統一地方選挙が控えていたためである。

時間が限られる中、メンバーはそれぞれ役割を分担し、全力を尽くした。西川は議事録をまとめ、要望書のたたき台を作った。メンバーを代表して上川に意見や疑問をぶつけ、対話を促す者もいれば、手つかずのままになっている作業を洗い出し、片づける者もいた。また、多くのセクシュアルマイノリティの女性の声を聞き続けてきた、世田谷区のNPO法人「レインボーコミュニティcoLLabo」が、全面的に協力体制をとった。

水面下で進行していたレジストリーの活動は、2月12日、新聞が「2015年3月の渋谷区議会定例会に、パートナーシップ証明を含む条例案が提出される」と大々的に報じたのをきっかけに、にわかに表面化することとなった。

記事を目にするやいなや、上川はメーリングリストで「渋谷の動きを突飛なものにしてしまうのは、マイナスだと思う」「今後はみんなのプライバシーは守りつつ、オープンに動いていきましょう」と発言。さらに「世田谷も検討中。後に続きますよ」とツイートした。


要望書がある程度まとまったころ、上川は区長や副区長、総務担当や人権担当など関係課の幹部職員の約束をとりつけた。そして3月5日、この時点で30名以上いたレジストリーのメンバーのうち16名が、世田谷区役所を訪れた。

上川のアドバイスに従い、彼らは最初に住民票と納税証明書を提示。「世田谷の街に暮らし、税金を納めている区民である」ことをアピールしたうえで、保坂に、それぞれの実名や住所を記した「同性カップルを含む『パートナーシップの公的承認』に関する要望書」（本書p.201に掲載）を提出した。

同要望書には、

・世田谷区でも、同性同士で生活する者も家族として扱う「パートナーシップの登録認証制度」等を創設運用などをし、その存在を公に認める方策をとっていただきたい。
・区が、婚姻や事実婚などの関係にある異性カップルを「家族」という単位として行っている各種サービスや事務にはどのようなものがあるのか、具体的に洗い出してほしい。また、そのうちのどれが同性カップルにも拡大可能か提示してほしい。

の二つの要望が掲げられ、さらに「男性同士で部屋を借りた際、不動産屋から管理費を二倍支払うよう求められた」「パートナーが入院した際、病室にすんなり入れてもらえなかった」など、メンバーがこれまでに直面した問題や、「自分たちの関係性を保障する制度がなく、将来を悲観しているLGBTの若者も多くいる」「誰もがウソをつかず、安心して暮らせる社会になってほしい」といった、当事者の切実な思いも記された。

彼らの中には、23年間生活をともにしている男性同士のカップルもいれば、16年間一緒に暮らしている女性同士の

2015年3月5日、保坂区長をはじめ区の幹部職員に要請を行い、要望書を提出。（写真提供・上川あや）

カップルも2組いた。同性カップルの「リアル」な姿を伝えるため、海外で婚姻届を取得したカップルは婚姻証明書を提示し、西川らは子どもたちと撮った家族写真を大きく引き伸ばして持参した。また顔出し可能な者は記者会見に参加し、顔出しできない者は個別にインタビューに応えた。

西川は語る。

「レジストリーのメンバーは表に出られる人も出られない人も、それぞれが重要な役割を担っていました。また、『公務員には守秘義務があるから、プライバシーは絶対に守られる』という上川さんの言葉に背中を押され、ふだん完全にクローゼットで生活している男性が要望書の提出に参加したのですが、彼の重みのある言葉が区長や職員の方々の心を動かしていました」

また上川にとっても、彼らの存在は大きかった。

「レジストリーのメンバーがいたからこそ、私はなにがあっても絶対引かずに、制度を実現させせようと思いました。彼らの存在なくしては、おそらく担当部署の部長や課長も、本気にはならなかったと思います」

その席で保坂は「話をしっかりと受け止め、区長の判断でできる範囲を絞って、できるだけ早くみなさんの要望に応えたい」と発言。さらに同月30日に行われた記者会見で、保坂および地域行政部長は「区内の、同性カップルも含むパートナーシップの公的承認について、4月1日付で区庁内にプロジェクトチームを発足させる」「プロジェクトチームではほかの法令との関係を調査しつつ、書類の発行方法や区営住宅への入居などに関し、区長の裁量でどこまで行えるか、どのようなアプローチが可能か、などを検討する」と発表した。

なお、これと前後して、2014年10月に20歳以上70歳未満の区民3000人（有効回収数1385）を対象に実施された「男女共同参画に関する区民意識・実態調査」の報告書がまとめられた。その中で、「性的マイノリティという言葉をご存知ですか」との問いに対し、全体の7割が「はい」と回答。さらに「性的マイノリティへの方々への人権を守る啓発や施策について、必要だと思いますか」との質問に対し、やはり全体の7割が「必要だと思う」と回答していたことも、制度実現への動きを後押しした。

◆

その後、4月の統一地方選挙を挟んで作業が続けられ、7月29日、「世田谷区パートナーシップの宣誓の取扱いに関する要綱案」が世田谷区議会に報告された。さらに8月4日、保坂は要綱について記者発表を行い、各メディアによって大きく報じられた。

条例ではなく要綱とした理由について、保坂は次のように語る。

「渋谷区の条例について報じられたとき、これまでLGBTに関する課題に積極的に取り組んできた世田谷区としても、ぜひ連動して、何らかの施策を行いたいと思いました。投じる石が二つになれば、効果は二倍以上になるからです。しかし条例化するためには時間がかかり、タイミングを逃してしまう。そこで考えたのが、いったん区長裁量でできる『要綱』という形で実施し、その後条例化も視野に入れて時間をかけて議論を行うという、二段構えのやり方でした」

一方、上川は「保守系議員の議席の多い世田谷区では、いきなり条例化（立法）を狙うより、行政実務によって実現させる方が安全かつスムーズだった」と語る。

「要綱には法的な義務も権利も強制力もありませんが、『同性カップル』という言葉が行政用語として要綱に書きこまれ、行政の一つの単位、ニーズとして位置づけられたことの意味は大きいと思います。今後、かなり権利回復がしやすくなるのではないでしょうか」

制度としての安定性にも、問題はないという。

「要綱は、行政組織の中ではかなり権威のある枠組みであり、公開情報でもあります。その要綱で、区は宣誓書の10年間保存を約束しました。また自分たちで提供し、明らかにニーズのある制度を、行政が一方的に破棄するのは、道義的に難しいのではないかと、私は考えています」

なお、要綱案が作られる過程で、上川は制度や書類に少しでも社会的信用が伴うよう、言葉や仕組みの一つひとつにこだわり、提案を続けた。

「宣誓」という言葉には「自分たちの言っていることは真正である」「第三者(この場合は行政)に対しての言明である」という意味がこもっている。また「取扱い」という言葉が入ることで、「行政実務である」ことが明確になる。

さらに、受領証に区長のサインが入ること、提出された宣誓書は10年間保存され、カップル双方からの申し出があれば廃棄されることも決まり、10月の区議会第3回定例会でのやりとりなどを通じて、受領証にカップル二人の名前が入ること、住民票などと同様に、偽造防止用紙が使用されることなども決定した。

「要綱には法的な効力はない」とはいえ、現在、同性カップルの権利回復に向けての試みは着々と進んでいる。

まず、第二次男女共同参画プラン検討会の中に、LGBT当事者を交えた作業部会が立ち上げられ、「パートナーシップ宣誓を行った同性カップルに、区営住宅への入居資格を与える」「区の職員がパートナーシップ宣誓をした場合、そのパートナーを家族として扱う」など、区長裁量や行政判断でできる可能性がある項目の洗い出しが行われている。また10月16日、世田谷区議会決算特別委員会で、「世田谷区の区職員互助会が、2016年春から、同性をパートナーとして届けた職員に、3万円の祝い金を支給する予定である」ことが明らかとなった。

一方、保坂は副区長らとともに、区内の不動産業者や医師会などに資料を配布し、要綱の内容や実施の背景などの周知徹底を図っている。大手携帯キャリアが「地方自治体のパートナーシップ証明をもとに、家族割の適用を行う」、生命保険会社が「同性パートナーを死亡保険金の受取人に指定できるようにする」と発表するなど、同性カップルに対する民間企業のサービスも、少しずつ増えてきた。保坂は語る。

「一枚の紙だけで社会が変わるなどということはありえません。ただ、同性パートナーシップを認める自治体が増えれば議論が活発化し、国も変わっていくだろうし、その前に、まずは企業が動くのではないかと思います。また、パートナーシップ宣誓によって何が変わり、何が変わらなかったのか、一枚の紙によって社会生活上の障壁をどのくらい乗り越えられるようになったのか。今後、当事者のみなさんの声を聞いていきたいと考えています」

◆

10月23日、保坂は記者会見において、パートナーシップ宣誓書の受付および受領証の交付を11月5日から開始すると発表した。

この席上で保坂は「11月5日には、渋谷区でもパートナーシップ証明書の交付がはじまると聞いています。手法は違いますが、渋谷も世田谷も、多様性を認める社会に一歩でも近づくことを目指しています。自治体や企業など、さまざまな分野からも関心が寄せられており、(こうした動きが)全国に広がっていくことを期待しています」と述べた。

2015年11月5日

同性パートナーシップ証明スタート

２０１５年11月５日、渋谷区でパートナーシップ証明書の交付が始まった。

証明書第１号を受け取ったのは、増原裕子と東小雪のカップルである。

増原は１９７７年12月27日に神奈川県横浜市で、東は１９８５年２月１日に石川県金沢市で生まれた。増原は小学４年生のとき、東は16歳のときに、自分がレズビアンであることを自覚したが、しばらくは誰にも言えず、一人で悩んでいたという。

２０１１年春に、ＬＧＢＴ関連のとあるシンポジウムで出会った二人は、２０１３年３月、東京ディズニーリゾートで同性同士のカップルとして初めて結婚式を挙げた。

渋谷区に引っ越したのは、２０１４年。以前、長谷部が区議会でパートナーシップ証明について発言したことを知り、「LGBTフレンドリーな議員がいるところがいい」と転居先を決めた。

2015年2月12日の報道によって条例案のことを知ってからは、その動向に強い関心を抱き、条例が成立した日は渋谷区議会の傍聴席で、友人である杉山や松中らと喜びを分かち合った。その後は司法書士のKIRAと相談しながら公正証書の作成を進め、10月28日、パートナーシップ証明書の申請受付開始と同時に、書類を提出した。

二人が準備を始めたころ、まだ渋谷区による公正証書のひな形は発表されておらず、KIRAは手探りで作業を行うしかなかった。なお、公証人が書類を作成するかどうかは、裁量による。KIRAはいくつかの公証役場に事前に問い合せたが、「うちではやったことがない」「詳細が決まればやりますが」などといったあいまいな回答を得ることしかできなかった。

二人の公正証書は結局、「これまでに何回か、同性カップルの公正証書を受け付けたことがある」という、中野区の公証役場で認証された。

11月5日午前8時半ごろ、増原と東は渋谷区仮庁舎第一庁舎東棟にある住民戸籍課の窓口で、パートナーシップ証明書を受け取った。その瞬間、東は喜び、ふだんあまり感情をあらわにしない増原が、涙を見せたという。

　庁舎の外へ出た二人はマスメディアの取材を受け、「自分たちが住んでいる町で、パートナーとの関係を家族として認められたことに、とても感激しています」「この制度を作るために力を注いでくださった方々にあらためて感謝したいと思います」と述べた。その最中、会議を中座してきたという長谷部も姿を見せ、二人に「おめでとうございます。長かったもんね、ここまでね」と声をかけた。東は語る。

「条例案のことが報道されてから今日まで、期待と不安でどきどきしながら経過を見守っていたので、実際に証明書が発行されて、ようやく安心しました。まだ始まったばかりの制度ですが、もし迷っている方がいたら、ぜ

2015年11月5日、渋谷区パートナーシップ証明書を受けたカップルを祝福する長谷部健区長。

ひ申請してみてほしいですね。証明書を取得し使ってみたうえで、この点は良かったけれどもこの点は改善してほしい、などの意見を伝えていくことが大切だと思いますし、私たちもそうしていきたいと考えています」

なお、パートナーシップ証明書の原本は額に入れて自宅に飾り、後日郵送される二通の「パートナーシップ証明書交付済証明書」は、それぞれが一通ずつ携帯するつもりだという。

また長谷部はこの日あらためて、各報道機関に対し、以下のコメントを発表した。

「本日、渋谷区では、『渋谷区男女平等及び多様性を尊重する社会を推進する条例』に基づく、『渋谷区パートナーシップ証明書』を交付いたしました。やっとパートナーシップ証明を交付するところまでこぎ着けたという気持ちとともに、これからがスタートであり、今後、制度の定着及び普及に向けて、しっかりと取り組んでいきたいという思いです。区としては、引き続き、当事者からの相談を受けたり、こうした悩みや

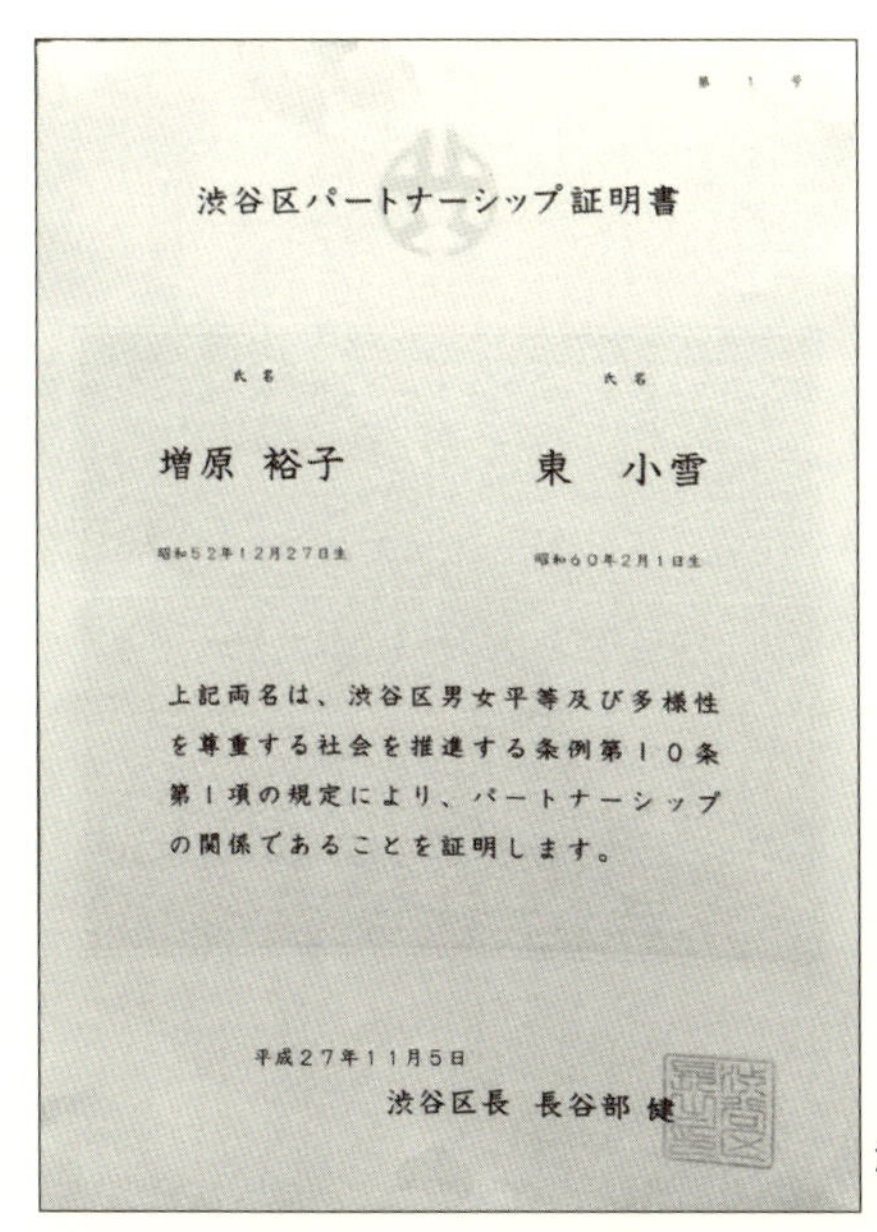

第 1 号

渋谷区パートナーシップ証明書

氏名

増原 裕子

昭和52年12月27日生

氏名

東 小雪

昭和60年2月1日生

上記両名は、渋谷区男女平等及び多様性を尊重する社会を推進する条例第10条第1項の規定により、パートナーシップの関係であることを証明します。

平成27年11月5日

渋谷区長 長谷部 健

渋谷区の第1号パートナーシップ証明書。
（提供・増原裕子、東小雪）

不安を抱える子どもたちの良き理解者となるよう、教職員並びに区職員への研修を実施するとともに、区民や事業者への周知啓発などを行いながら、LGBTの方々誰もが希望を持ち、自分らしく生きることのできる多様性を尊重する社会を推進し、成熟した国際都市渋谷区を目指してまいります」

◆

一方、世田谷区ではこの日の午後、同性パートナーシップ宣誓書受領証の交付式が行われた。

事前に宣誓書提出の予約を行った同性カップルは7組。レジストリーのメンバーが6組、報道によって制度のことを知り、区に直接問い合わせてきたカップルが1組であり、交付式にはそのうち、スケジュールの都合のついた5組が出席した。

正午前、下北沢の「北沢タウンホール」に集合した彼らは、宣誓書に住所と氏名を記入。カップルではないレジストリーのメンバーも駆けつけ、控え室にレインボーの旗を飾るなど「お祝い」ムードを演出し、みなで喜びを分かちあった。5組のカップルは1時に交付式の会場となるスカイラウンジに入り、保坂から、パートナーシップ宣誓書のコピーと受領証を受け取った。

受領証第1号を受け取ったのは、高島由美子と高野幸子のカップルである。

高島は手話通訳士、高野はろう者であり、二人は17年間ともに暮らしている。高野は怪我をすることが多く、そのたびに高島が医師や看護師に症状などを伝えているのだが、病院側の理解が得られず、高島が診察に入れてもらえなかったり、手術の同意書にサインさせてもらえなかったりしたこともあるという。

二人はメディアの取材に対し、「世田谷区が私たちを家族と認めてくださったことを感謝しています。他の自治体にも広がっていってほしいという気持ちでいっぱいです」と語った。

また、西川らカップルもこの日、交付式で受領証を受け取った。パートナーは緊張しているようだったが、西川は「やっとここまで

2015年11月5日、世田谷区パートナーシップ宣誓書受領証を受け取り、記者会見に出席したカップルたち。

来たなあ」との思いでいっぱいだった。

西川は語る。

「制度はスタートしましたが、現在、区の方で、同性カップルに適用可能な行政サービスの洗い出しも進められています。その結果が出たら、再びレジストリーの動きが活発化するのではないかと思います。また、タウンミーティングへの参加、要望書の提出など、選挙以外にもさまざまな区政参加の方法があることがわかったので、私自身は今後も一人の区民として、積極的に行政に働きかけていきたいし、同じような当事者が増えていくといいな、と思っています」

なお受領証公布後、保坂は次のように述べた。

「今日は世田谷区にとって、そして日本社会の新たな変化にとって、とても記念すべき日になると思います。（中略）今日は『はじめの小さな一歩』です。その波紋はきっと全国の市町村に広がり、やがては国の法改正の議論につながっていくものと期待しています。（中略）法的拘束力はないけれども、この一枚の紙が未来を照らしているということを、各企業の方にも理解してもらいたいと思います。世田谷区で昨年行なった男女共同参画プランに関する区民意識調査では、70％の方が『性的マイノリティの方たちの人権と啓発への取り組み』が必要であると答えています。このように、多くの区民の理解があり、また超党派の区議会議員の皆さんの応援もあって、今日この日を迎えられたことに感謝をして、挨拶といたします」

第2章

同性パートナーシップ証明手続き編

KIRA

step1

パートナーシップ証明ってどんなもの？

本章では、渋谷区のパートナーシップ証明書（以下「渋谷区証明書」といいます）と、世田谷区のパートナーシップ宣誓書受領証（以下「世田谷区受領証」といいます）とは何なのか、取得するためにはどうしたらよいのか、取得するとどういうことができるのか、結婚とはどう違うのか、交付されるためには何を準備して、いくらかかるのか、など交付手続きに関するエトセトラをご紹介します。

（1）渋谷区証明書と世田谷区受領証はこんな感じ

まずは、渋谷区証明書を発行してもらうために最も重要となる、渋谷区の条例文（「渋谷区男女平等及び多様性を尊重する社会を推進する条例」）を見てみましょう。原文はちょっと読みづらいので、こんなのムリ！　読めない！と思ったら10行くらい読み飛ばし、その先にある要約をご覧ください。

（区が行うパートナーシップ証明）

第十条　区長は、第四条に規定する理念に基づき、公序良俗に反しない限りにおいて、パートナーシップに関する証明（以下「パートナーシップ証明」という。）をすることができる。

2　区長は、前項のパートナーシップ証明を行う場合は、次の各号に掲げる事項を確認するものとする。ただし、区長が特に理由があると認めるときは、この限りでない。

一　当事者双方が、相互に相手方当事者を任意後見契約に関する法律（平成十一年法律第百五十号）第二条第三号に規定する任意後見受任者の一人とする任意後見契約に係る公正証書を作成し、かつ、登記を行っていること。

二　共同生活を営むに当たり、当事者間において、区規則で定める事項についての合意契約が公正証書により交わされていること。

三　前項に定めるもののほか、パートナーシップ証明の申請手続その他必要な事項は、区規則で定める。

要約すると、

①公序良俗に反しない場合、

②パートナーが互いに相手を任意後見人の一人とする任意後見契約書を公正証書で作り、登記まで完了させ、

③共同生活に関する合意契約書を公正証書で作成すること

以上が確認できたとき、渋谷区長は証明書を発行できる、といった内容が書いてあります。

任意後見契約？　公正証書？　何それおいしいの？って感じですよね。普段聞き慣れない言葉の連続で、要約されてるのにサッパリ訳わからんという方、ご安心ください。

法律やら条例やらは、使っている単語や言い回しが難しいだけで、内容は自分たちの生活に直結したルールブック。例えば、「歩行者は道路の右側を歩きなさい」、というルールは、法律では、「歩行者は、歩道又は歩行者の通行に十分な幅員を有す

る路側帯（次項及び次条において「歩道等」という。）と車道の区別のない道路においては、道路の右側端に寄つて通行しなければならない。ただし、道路の右側端を通行することが危険であるときその他やむを得ないときは、道路の左側端に寄つて通行することができる。」（道路交通法第10条）、とあります。

一言で、歩行者は道路の右側を歩いてねって言えばいいところを、こんな長々と説明しているのは、正しい日本語を使って誤解のないよう解釈をしてもらうためです。原文を読むのは大変ですが、こうして原文を読むと、正確には、「歩行者は歩道と車道の区別のない道路では右側通行をしてね、でも右側を通行できないときは左側を歩いてもいいよ」というように、正確なルールがわかってきます。

本書ではいわゆる法律用語などあまり難しい言葉は使わずに、ザックリ進めていきます。

さて、任意後見契約など詳細については後述しますので、難しい話はこれくらいにして、実際の渋谷区証明書、世田谷区受領証がどんなものなのか、ちょっと見てみましょう。

タイトルは「渋谷区パートナーシップ証明書」【図1】。当事者両名の名前と生年月日が掲載され、区長の公印があります。これが、日本で初めて婚姻に相当する関係としての同性パートナーシップの関係を条例で認めた証明書の様式です。とてもシンプルな内容ですが、実際に交付された方たちにとっては非常に意義のあるものでしょうし、また、日本のセクシュアルマイノリティ史上、とてもとても大きな意義を持った一枚であることに間違いありません。婚姻届受理証明書の内容に類似しており、この点に関しても婚姻相当関係であるというニュアンスが伝わってきますね。

一方、同日付で交付を開始した、世田谷区受領証の様式は、タイトルが「パートナーシップ宣誓書　受領証」となっています【図2】。こちらはあくまで当事者がパートナーであることを宣誓した書面を受領したことを証明する、という趣旨ですが、

見本

第123456号

渋谷区パートナーシップ証明書

氏名　○○ ○○　平成○年○月○日生

氏名　○○ ○○　平成○年○月○日生

上記両名は、渋谷区男女平等及び多様性を尊重する社会を推進する条例第10条第1項の規定により、パートナーシップの関係であることを証明します。

平成27年11月5日

渋谷区長　長谷部 健

渋谷区長之印見本

【図1】渋谷区パートナーシップ証明書

受領証に記載されている内容は、当事者を心から祝福し、応援するものとなっています。こんなお祝いのメッセージを二人に送ってくれた役所が、かつてあったでしょうか。世田谷区は条例ではなく要綱による証明書の交付ですが、こちらも当事者への思いやりが込められた、非常に重みのある一枚となりました。

ちなみに、参考まで、結婚した場合にも当事者が申し出れば証明書が交付されることをみなさんご存知ですか？

婚姻届受理証明書は、こんな感じです【図3】。

賞状タイプのものは、婚姻届が受理されたときに婚姻届受理証明書をください、と申し込むとおよそ1～3週間後に交付されるものです。その場で交付される通常タイプのものもあり、こちらは一般的に350円、賞状タイプのものは1400円程度する市区町村が多いようで

様式2（第4条関係）

パートナーシップ宣誓書　受領証

＿＿＿＿＿様　＿＿＿＿＿様

ここにおふたりが、「世田谷区パートナーシップの宣誓の取扱いに関する要綱」に
基づき、「パートナーシップの宣誓」をされたことを証します。
これからの人生をお互いに支えあい歩まれる、お二人のご多幸を願います。
区は、世田谷区基本構想で、個人の尊厳を尊重し、多様性を認め合い、
自分らしく暮らせる地域社会を築くことをめざしています。

また、世田谷区基本計画では、人権の尊重として、性的マイノリティなどを理由に
差別されることのないよう、人権意識の啓発や理解の促進をうたっています。
今後とも、おふたりが世田谷区でいきいきと活躍されることを期待いたします。

平成27年11月5日

世田谷区長　保坂展人

【図2】世田谷区パートナーシップ宣誓書受領証

す。どちらも特に役所側からアナウンスしていないため、こういった証明書があるということをご存知ない方も多いかもしれません。実際に各役所で発行されるのは年に数件～数十件程度といわれています。では、ここでみなさんに質問です。男女間の結婚は民法で規定されているものなのに、なぜわざわざこのような証明書が存在するのでしょうか。

現在の婚姻及び戸籍制度では、一家族に一戸籍という形態をとっており、婚姻届を市区町村に提出すると、結婚した二人はそれまでの戸籍を抜け、新しい戸籍が作られます。婚姻届を出す際に新たな戸籍の本籍地や筆頭者となる者等を決め、新たな戸籍が作られると、その戸籍には配偶者が記載される、という流れです。婚姻届は原則当事者の本籍地に提出

【図3】婚姻届受理証明書（賞状タイプひな形）

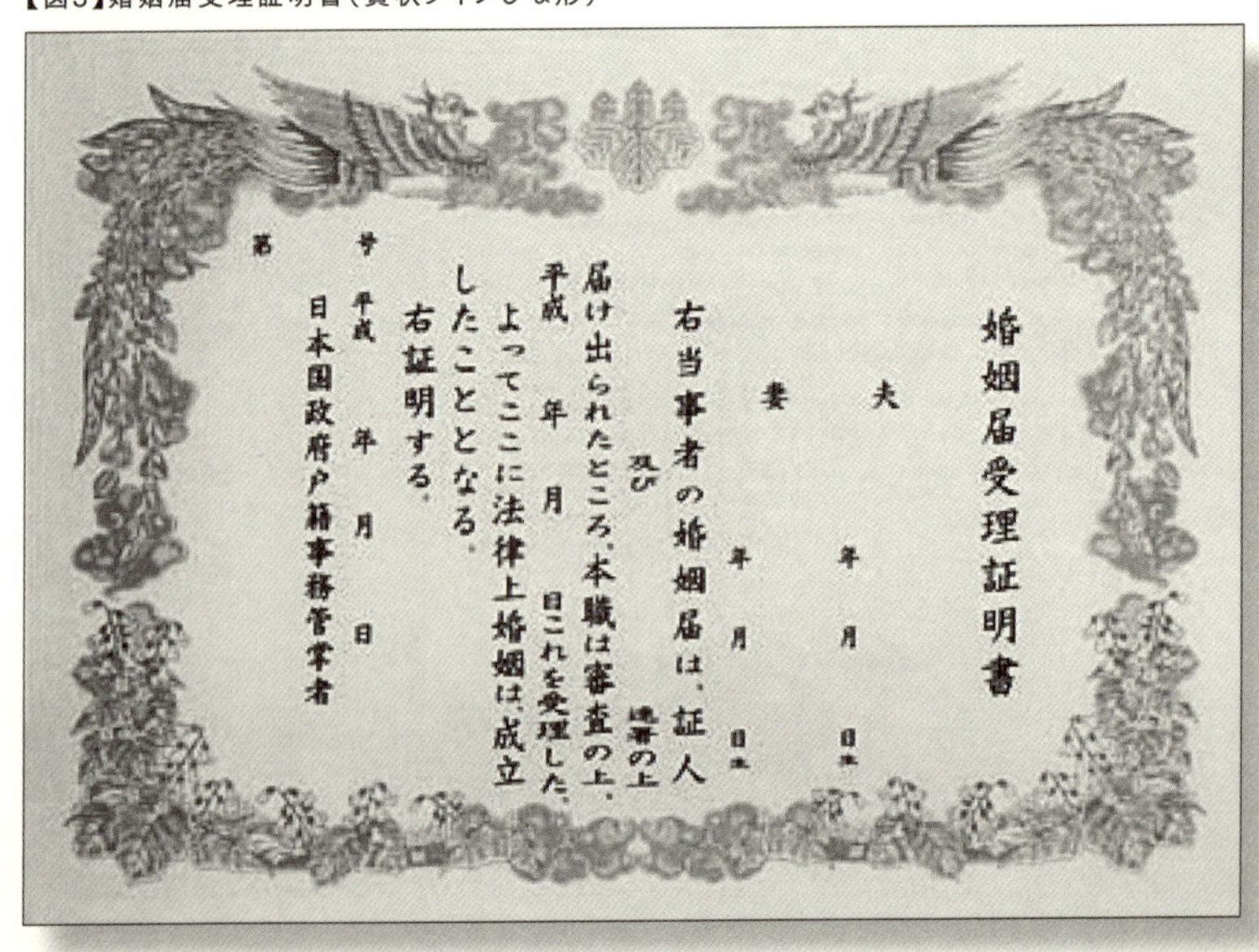

婚姻届受理証明書

夫　年　月　日生

妻　年　月　日生

右当事者の婚姻届は、証人
及び　連署の上
届け出られたところ、本職は審査の上、
平成　年　月　日これを受理した。
よってここに法律上婚姻は、成立
したこととなる。
右証明する。

第　号
平成　年　月　日
日本国政府戸籍事務管掌者

することとなっていますが、当事者が持参して提出する限り日本国内どこの市区町村役場へも提出することができたりもします。これらの理由により、役所の処理速度にもよりますが、新たな本籍地へ戸籍を作るのにタイムラグが生じ、結婚したにもかかわらず戸籍がない、という状況が数日～2週間程度できてしまうことがあります。この間、さまざまな手続きを進めるにあたり当事者が結婚したことを法的に証明するもの、これが婚姻届受理証明書です。賞状タイプは、記念用、ですね。

ちなみに海外の婚姻証明書はどのようなものでしょう。一例をご紹介します【図4】。

こちらの婚姻証明書は、知人のレズビアンカップルからお借りした実際の様式です。両親の名前や職業、生まれた場所などの記載があり、実際に日本の婚姻届受理証明書よりも

【図4】アメリカの婚姻証明書

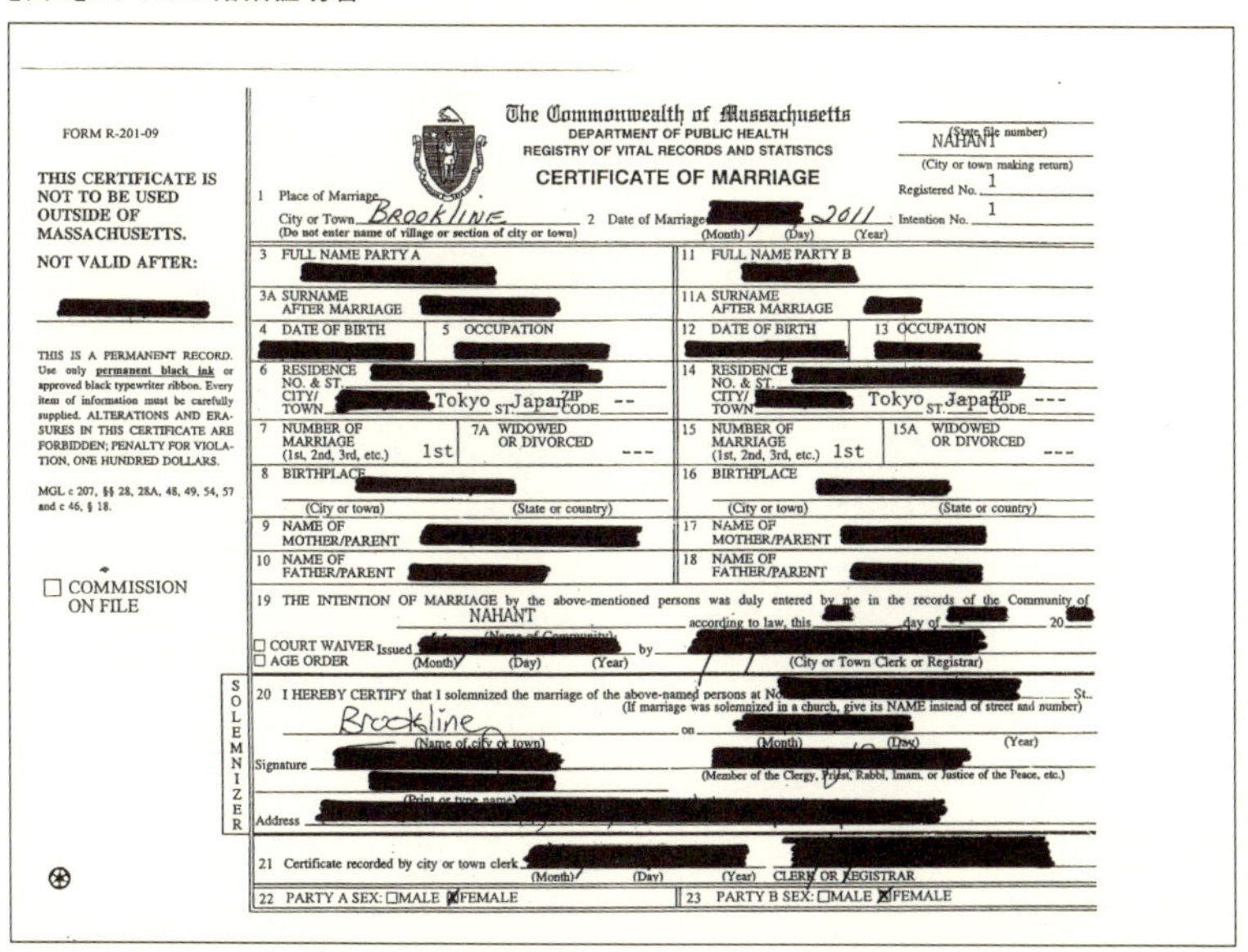

FORM R-201-09

THIS CERTIFICATE IS NOT TO BE USED OUTSIDE OF MASSACHUSETTS.

NOT VALID AFTER:

THIS IS A PERMANENT RECORD. Use only permanent black ink or approved black typewriter ribbon. Every item of information must be carefully supplied. ALTERATIONS AND ERASURES IN THIS CERTIFICATE ARE FORBIDDEN; PENALTY FOR VIOLATION, ONE HUNDRED DOLLARS.

MGL c 207, §§ 28, 28A, 48, 49, 54, 57 and c 46, § 18.

☐ COMMISSION ON FILE

The Commonwealth of Massachusetts
DEPARTMENT OF PUBLIC HEALTH
REGISTRY OF VITAL RECORDS AND STATISTICS
CERTIFICATE OF MARRIAGE

(State file number)
NAHANT
(City or town making return)
Registered No. 1
Intention No. 1

1 Place of Marriage City or Town Brookline (Do not enter name of village or section of city or town)
2 Date of Marriage 2011 (Month) (Day) (Year)

3 FULL NAME PARTY A	11 FULL NAME PARTY B
3A SURNAME AFTER MARRIAGE	11A SURNAME AFTER MARRIAGE
4 DATE OF BIRTH / 5 OCCUPATION	12 DATE OF BIRTH / 13 OCCUPATION
6 RESIDENCE NO. & ST. CITY/TOWN Tokyo ST. Japan ZIP CODE --	14 RESIDENCE NO. & ST. CITY/TOWN Tokyo ST. Japan ZIP CODE ---
7 NUMBER OF MARRIAGE (1st, 2nd, 3rd, etc.) 1st / 7A WIDOWED OR DIVORCED ---	15 NUMBER OF MARRIAGE (1st, 2nd, 3rd, etc.) 1st / 15A WIDOWED OR DIVORCED ---
8 BIRTHPLACE (City or town) (State or country)	16 BIRTHPLACE (City or town) (State or country)
9 NAME OF MOTHER/PARENT	17 NAME OF MOTHER/PARENT
10 NAME OF FATHER/PARENT	18 NAME OF FATHER/PARENT

19 THE INTENTION OF MARRIAGE by the above-mentioned persons was duly entered by me in the records of the Community of NAHANT (Name of Community) according to law, this day of 20

☐ COURT WAIVER ☐ AGE ORDER Issued (Month) (Day) (Year) by (City or Town Clerk or Registrar)

SOLEMNIZER

20 I HEREBY CERTIFY that I solemnized the marriage of the above-named persons at No. St. (If marriage was solemnized in a church, give its NAME instead of street and number)
Brookline (Name of city or town) on (Month) (Day) (Year)
Signature (Member of the Clergy, Priest, Rabbi, Imam, or Justice of the Peace, etc.)
(Print or type name)
Address

21 Certificate recorded by city or town clerk (Month) (Day) (Year) CLERK OR REGISTRAR

22 PARTY A SEX: ☐MALE ☒FEMALE | 23 PARTY B SEX: ☐MALE ☒FEMALE

多くの事柄が書かれています。これは、日本は戸籍でこの情報を管理しているところ、アメリカには戸籍がないため、この一枚に集約されていることがわかります。

どこの国も公的機関が発行する証明書というものは、シンプルなものですね。しかし、英語で書いてあると格好良く見えてしまうのはどうしてでしょう（笑）。

実際に四枚の証明書を見比べてみてどうでしたか？　これらは、発行元も、根拠となる法令等やその効果もそれぞれ異なります。しかし、受け取る当事者はみな、愛する者とこれからの人生を一緒に歩んでいきたい、そんな思いで役所へ行くのではないでしょうか。

「一生あなたと一緒にいたい」。この気持ちは愛し合う者であれば男女間に限らず、男性間、女性間のカップルでも同様に言えることだと、個人的には思っています。

みなさんは、どう思いますか？

（2）渋谷区証明書と世田谷区受領証の違い

さて、渋谷区証明書と世田谷区受領証では、具体的にどこがどのように違うのでしょう。

両区の比較に入る前に、まずは法律等の関係性についてお話ししたいと思います。法律や規則等の関係性は、大まかに、

［国］　法律（憲法）→法律（憲法以外）→政令→省令

［地方］　条例・規則（条例施行規則）・要綱

となっています。

特に憲法は日本における最高位の法律のため、改正するのは容易ではありません。この憲法第24条で、「婚姻は、両性の合意のみに基いて成立し、夫婦が同等の権利を有することを基本として、相互の協力により、維持されなければならない。」と婚姻の条件を両性とうたってしまったばかりに、残念ながら現在の日本では同姓婚が認められていません。しかし、「両性」の解釈によっては同性同士が結婚できる可能性を否定するものではない、といった考え方もありますので、この辺は今後の取扱いの変更に期待ですね。

さて、法律は国会で制定され、政令は内閣府が、省令（規則等）は担当各省により制定されます。ここまでは国の主導により決定されるものです。

一方、条例は地方公共団体が作ることができる自主法で、それぞれの市区町村単位が個別に制定することができます。なお、規則（条例施行規則）や要綱は各地方公共団体の長等が定めることができるものですが、要綱には法規性がありません。前

章にも出てきたとおり、行政サービスが公平に行われることを目的とした事務処理用の手続きマニュアルのことをいいます。また、条例は法律の範囲内でしか制定できませんので、今回の渋谷区の条例は、法律に違反することのないようその範囲内で制定されたものということができるでしょう（実際のところは裁判にならないとわかりませんが）。

条例という概念は周知のものでしたが、今までどれくらいの方が「要綱」という言葉をきちんと説明できたことでしょう。世田谷区受領証交付の発表を機に、耳にする機会が増えたのではないでしょうか。

さて、渋谷区は条例で施行、世田谷区は要綱での運用が開始されました。続いては、渋谷区の条例と世田谷区の要綱の主だった違いを見ていきましょう【図5】。

まずは、共通点から見ていきましょう。両区の主な共通点は三つありますが、両区とも、同性間のパートナーの関係においてのみ適用されるという点、20歳以上としている点は非常に興味深いですね。男性が18歳、女性が16歳になっていれば結婚できることに比べると、2～4年長く待たなくてはならないことになります。一般のカップルに比べ、社会の風当たりを感じることが多いためにそれを保護するための配慮でしょうか。
　実際、未成年の婚姻においては父母の同意が必要となるため、親から反対されていると、男女間の結婚でも認められないケースが多数存在します。また、結婚してしまうと社会上成年者とみなされるため、契約が取消せなくなったりと様々な社会的責任がのしかかります（ちなみに飲酒・喫煙については成人年齢とみなされません）。今回の渋谷区条例も世田谷区要綱も、成人という責任年齢を条件とすることにより、当事者の保護を図った意図が感じられます。この点は、実際に運用される上で、ニーズがあれば改定の余地がありそうです。

　そして、三つ目に法律上の効果が生じないという点。こちらも両区共に同じです。そもそも法律上の婚姻ではないため、婚姻で得られるは

【図5】渋谷区証明書と世田谷区受領証のまとめ

	渋谷区 パートナーシップ証明書	世田谷区 パートナーシップ宣誓書受領証
発行の根拠	条例	要綱
対象	同性間のみ	同性間のみ
年齢制限	20歳以上	20歳以上
居住要件	双方が渋谷区内に在住かつ渋谷区に住民登録がある	双方が世田谷区に在住、もしくは一方が世田谷区内に在住、他方も世田谷区に引越予定
必要書類	任意後見契約に係る公正証書＊ 合意契約に係る公正証書	不要
持ち物	双方の戸籍謄(抄)本 本人確認書類	写真付の身分証明写しの提示
手続き方法	2人で申請書を提出	2人が区の担当者の前で宣誓書に記入し、提出
発行までに要する費用	契約書作成手数料 →約1万5000円～ 発行手数料→300円	無料
発行されるもの	パートナーシップ証明書	パートナーシップ宣誓書受領証
効果	法律上の効果はなし	法律上の効果はなし
その他	長期保存	宣誓書を10年保存
申請窓口	渋谷区役所住民戸籍課窓口	事前予約制：要問合せ
郵送	不　可	不　可

＊特例にあてはまれば省略できる。

ずのありとあらゆる効果を受けることができません。法律上の権利はもらえないけど、義務をまっとうしなくていいのだからいいよね、と思う方もいらっしゃるかもしれません。しかし、婚姻という法律上の結果を望んで、「する」か「しない」か選択できる立場と、望んでも「できない」立場。これは大きく異なるのではないでしょうか。

次に相違点です。前述の三点以外は、両区で少しずつ異なっています。居住要件、必要書類、費用など、いずれも世田谷区の方が簡便です。居住要件については、渋谷区は同区に住民票を置いていなければならない点で、世田谷区より厳しく設定されていますが、世田谷区も受領証申請後は同居が前提となっていますので、事実上あまり大きな差ではないでしょう。決定的に異なるのは、必要書類です。

渋谷区は、証明書の申請にあたり、任意後見契約書と共同生活に関する合意書（パートナーシップ合意書、準婚姻契約書ともいう）を必要とします。これは、実際同性カップルが証明書の申請をする上で大きなハードルとなっていることに間違いないでしょう。すべての書類をきちんと作成しようとすると、最低でも実費で8万円程度はかかってしまうからです。しかし、パートナーシップは法律上の婚姻と異なり、さまざまな場面において法律上の保護を受けられません。病院や警察など、重要な場面において二人の意思を明確に伝えることができるものは、作っておいた方が良いでしょう。そういった意味で、渋谷区の条例はパートナー成立までの過程と当事者の将来を重視しているといえます。婚姻関係は、多くの権利がもたらされる一方、さまざまな義務も負うことになるため、そうした点を認識させ、今後さまざまな困難を二人で乗り越えられるよう、当事者の将来のことをよく考えたモデルといえるかもしれません。

また、任意後見契約書についての内容詳細はstep3で説明しますが（p.158）、一定の要件が満たされている場合にはこちらも提出が省略できることとなりました。渋谷区の条例施行規則において緩和されたのです。

この特例ができたことによって、渋谷区で証明書を取得するときの費用の負担が一気に下がり、当事者がより申請しやすくなったのではないでしょうか。

共同生活に関する合意書は相変わらず公正証書で作らなければなりませんが、同性パートナーシップの関係が世間に浸透するまでもその後も、公正証書での作成は必須でしょう。理由は公正証書という文書の証明力の高さにありますが、これについてはstep2をご覧ください（p.153）。

一方、世田谷区は受領証交付にあたってなんら書類を必要としません。共同生活を営むことを二人が区役所で誓い、「パートナーシップ宣誓書」【図6】へ当事者双方が署名。区はこの宣誓書を受領して、受領証を交付します。世田谷区の交付方法は、アメリカなどの海外で婚姻する方法に類似しています。スピード発行を望むのであれば、世田谷区がおススメです。また、費用がかからず簡便に発行されるということは、交付を希望する当事者のハードルが下がり、渋谷区よりも多くの当事者が世田谷区役所を訪れるやもしれません。受領証の交付により、今まで存在していないと思われていた方たちの可視化を促進し、今後、より当事者にとって望ましい形になる可能性を秘めているモデルといえるでしょう。

最後の相違点は、渋谷区の方は条例で施行している分、条例上の効果が生じるという点です。区内の事業者に課せられる義務がある一方、評価された事業者は表彰されます。世田谷区は条例施行ではないため、事案にもよりますが、裁判などで争いになった際の取り扱いは大きく異なるかもしれません。

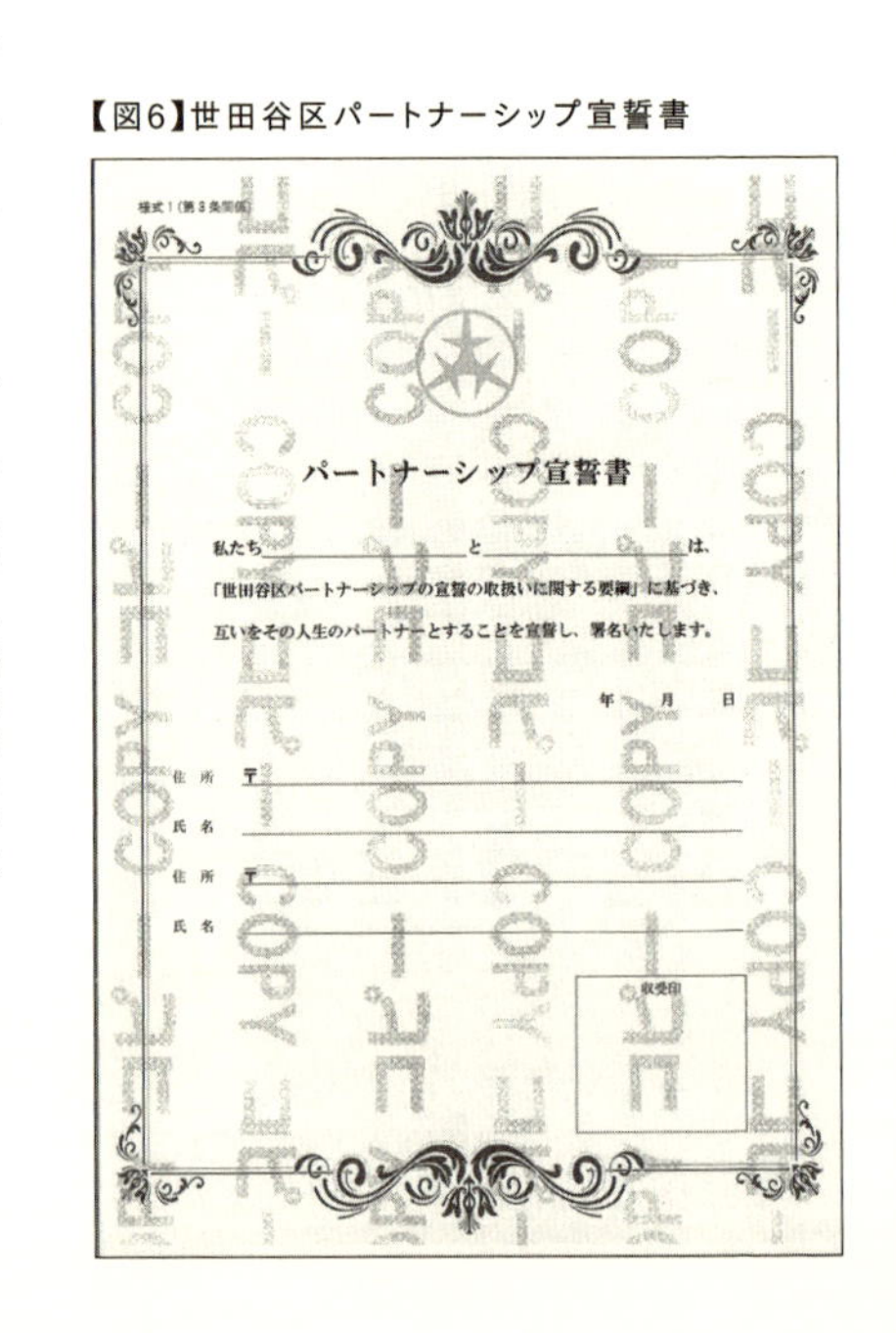

様式１（第３条関係）

パートナーシップ宣誓書

私たち＿＿＿＿＿＿と＿＿＿＿＿＿は、
「世田谷区パートナーシップの宣誓の取扱いに関する要綱」に基づき、
互いをその人生のパートナーとすることを宣誓し、署名いたします。

年　月　日

住所 〒
氏名
住所 〒
氏名

収受印

【図6】世田谷区パートナーシップ宣誓書

渋谷区証明書・世田谷区受領証は、受け取る側にすれば、それぞれ良い点・悪い点があると思います。しかし、二つのタイプの同性パートナーシップ証明が同時期に発行されることになったのは、日本の行政において画期的な進歩であり、当事者にとって本当に素晴らしいことではないでしょうか。

（3）婚姻と養子縁組、パートナーシップとの違い

ところで、現在、同性カップル間で婚姻に代わるものとして多く利用されている制度に、養子縁組という制度があります。では、婚姻と養子縁組、そしてパートナーシップとでは何が違うのでしょう？

婚姻とは、皆さんご存知のいわゆる「結婚」のことです。男性が18歳以上、女性が16歳以上になったとき、互いを生涯を共にする相手として誓い、その他の各種要件を満たし、婚姻届を役所へ提出することにより、公に「結婚した」状態となります。

結婚をすると、当事者は法律上夫婦として認められます。夫婦になると、一般的に結婚相手が入院したとき手術の同意ができたり、ローンを使って住宅を共同購入できたり、扶養に入ることができたり、各種サービスで家族割を受けることができたりします。一方、様々な権利を享受することができると同時に、同姓を名乗らなければならなかったり、扶養の義務を負ったり、離婚に際し財産分与をしたり、マイナスの財産（借金等）を相続したりと、義務をも求められます。何も、いいことばかりではありません。

次に、養子縁組制度ですが、養子縁組とは、民法で定められた制度のひとつで、古くはその昔、701年に定められた大宝律令の頃から家制度を存続させるために利用されてきた制度といわれています。かつて日本では、ひとつの家に住む家族はひとつの戸籍にまとめられていました。戸籍の歴史や家制度については長くなるので省略しますが、普通養子縁組とよばれるものは、①20歳以上の「養親」と、②養親よりも年下の「養子」が、③縁組の意思をもって、④届出を提出することで成立します。そのほかにも、養子が養親の嫡出子でないことや、養子が未成年の場合には家庭裁判所の許可が必要だったりといろいろありますが、要は、養親となるべき者が養子より年上の成年者で縁組をすれば、法律上の親子関係が築けるわけです。

そんな養子縁組制度に同性間のカップルは着目し、家族を形成するためにその制度を利用してきました。養子縁組をすると法律上の親子関係が認められ、「フウフ」（夫夫または婦婦）とは認められなくてもさまざまな法律上の権利を享受することができるからです。保険の扶養や手術における同意権、相続権、住宅の購入（親子ローン）、家族カードなど、受けられる権利は多岐にわたります。関係性はあくまでも「親子」になりますので、婚姻とはだいぶかけ離れてしまいますが、当事者がそれでも養子縁組をするのは、婚姻という制度が利用できない以上、自分たちの身を守るために考えた末の、致し方ない苦渋の決断だったのではないでしょうか。

これら婚姻、養子縁組に対し、今回の渋谷区の条例ではどういう権利が認められ、義務を負担しなければならないのでしょう。パートナーとした相手に相続が生じたとき、残された当事者は相手の財産を取得することができるのでしょうか？

残念ながら、前述のとおり婚姻ではありませんので、亡くなった相手方のパートナーはそのままでは財産を相続することはできません。え、じゃあ不動産の共同購入は？　配偶者ビザの取得は？　扶養の義務は？

以上を踏まえ、婚姻、養子縁組、パートナーシップの具体的な違いを表にまとめてみたのでご覧ください【図7】。日本におけるLGBT人口はいまや7・6％（電通ダイバーシティ・ラボによる「LGBT調査2015」調査対象・7万人調べ）といわれています。約13人に1人の割合でいる当事者の多くが婚姻ができない現在、日本のゲイカップル・レズビアンカップル・性同一性障害カップルは、海外で挙式をし、婚姻証明書をもらう人も少なくありません。その国や州では結婚同様の権利を獲得している彼らですが、日本ではまだ婚姻の平等がないため、婚姻で得られる権利や義務を全うできずにいます。

ここで、性同一性障害の当事者は性別を変更すれば結婚できるのだから、手術して戸籍変更すればいいのでは?と思われる方もいらっしゃるかもしれません。実際、2003年に成立した「性同一性障害者の性別の取扱い特例に関する法律」（以下、「特例法」といいます）により今までに多くの性同一性障害者が性別を変更してきました。なかには普通の男女として結婚した方も多数存在すると聞きます。ただ、戸籍の性別を変えるためだけに、健康な体にメスを入れることに抵抗が多い当事者は少なくありません。手術にはたくさんのお金もかかります。特例法の成立により大きな一歩を踏み出したことに間違いはありませんが、アメリカと異なり生殖腺を取除くことを条件としている日本では、性別の変更をあえてしない当事者のためにも、このパートナーシップ制度は必要なのです。

【図7】婚姻と養子縁組、パートナーシップの権利義務相違表

一般的に権利義務が認められるもの…○　事業主体者の判断によるもの…△
契約書などによって権利義務が発生するもの…●　権利がないもの…×

権利及び義務	婚姻	養子縁組	パートナーシップ
入院手続き	○	○	△
手術の同意	○	○	△
財産分与	○	●	●
実態上の扶養	○	○	●
手続き上の扶養	○	○	×
配偶者控除	○	×	×
家族割	○	○	△
保険の受取人	○	○	△
不動産の入居(賃貸)	○	○	△
不動産の購入(住宅ローン)	○	○	△
ビザ(配偶者)	○	×	×
特別養子縁組	○	×	×
相　続	○	○	●
お　墓	○	○	△

さて、「表を見てみたけど、渋谷区と世田谷区のパートナーシップでは、△とか●があるけれど、これってなんだ！」と気になる方のために、表について全体的に補足を加えていきます。まず、一般的に権利義務が認められるものには○をつけましたので、基準となる婚姻はすべて○です。養子縁組は法律上親子関係が生じますので、手続き上の扶養は認められますが、配偶者控除・配偶者ビザ・特別養子縁組については パートナーシップ同様×です（特別養子縁組は、養子となるべき者が6歳未満である必要があります）。この辺がパートナーシップにおいて○になるためには、法律や税金が絡んでくるところですので、市区町村単位ではなく国としての取組みが要求されます。国を動かすにはまず市区町村単位から。ニーズがないと判断されるところに行政は動きません。できるだけ多くの当事者が勇気を持って動くことが、今後法律化への道を開くことになるかもしれません。また、当事者の勇気だけでなく、その当事者に差別を受ける不安さを感じさせないような社会作りも、それ以上に大切だと思います。

次に●、契約書などによって権利義務が発生するものです。まずは財産分与から見ていきましょう。財産分与は、養子縁組・パートナーシップ共に法律上認められてないものの、実態上当事者間で合意することができるため、●となります。実態上の扶養も同様です。相続に関しても法整備が整っていませんが、こちらは「遺言公正証書」や「信託契約書」を作成することにより対策ができるため、●をつけました。こちらを作成する際は、ぜひ公正証書で作成することをおススメします。

遺言書は、手書きのものではダメなのですか？ いいえ、自筆証書遺言でも、ないよりはあった方がもちろん良いです。ですが、自筆で書いた遺言は、第三者の立会いのもと作られる公正証書と異なり、遺言書を書いた人が亡くなったとき、相続人立会いのもと行われる「検認」という作業が必要となります。封印された遺言書は勝手に封を開けると5万円以下の過料が科せられますので、開封するためには裁判所が法定相続人全員に「遺言書開封しますので来てくださいね～」と通知を出し、集まった方の目の前で開封しなければなりません。相続人に遺言の存在を知らせるとともに、遺言書の形状などを確認し、遺言書の偽造などを防止することを目的としたこの一連の作業を「検認」といいます。

ここで、法定相続人ではないパートナーは困ってしまうことがあるのではないでしょうか。パートナーの家族との関係が良好なものであれば、仮に「パートナーに全財産を相続させる」などの遺言が遺されていても理解が得られることでしょう。ですが、家族に反対されてパートナー関係を築いていた方は、亡くなった後もご家族の理解を得られることが難しいことが予想されます。また、理解を得られていたと思っていたのに、実際亡くなったパートナーが多くの資産を築いていたことにより、そんなものは認めない、という事態になることもあるでしょう。自筆の遺言は、いつでもどこでも思ったときに費用をかけずに書けるというメリットもありますが、このようなデメリットもありますので、注意が必要です。

これに対し、公正証書で遺言書を作成する場合、検認作業はありません。また、銀行での口座解約手続きや不動産の名義変更手続きにおいても、遺言執行者をパートナーに定めておけばかなりの労力が省略できます【図8】。

また、財産をパートナーに遺すためのもうひとつの方法、「信託契約書」は、まだ馴染みのない方が多いかもしれませんが、平成18年の信託法の大幅な改正により、相続などにおいても近年非常に注目されている財産承継スキームです。信託は、「委託者」＝財産の管理運用を託す人、「受託者」＝財産の移転を受け、管理運用処分等を託される人、「受益者」＝運用された財産から利益を得る人、から成り立

【図8】自筆証書遺言と遺言公正証書比較表

	自筆証書遺言	遺言公正証書
証　人	不　要	2名以上
作成者	本　人	公証人
署名・押印	本　人	本人・証人・公証人
検　認	必　要	不　要
費　用	無　料	約2万円～ （資産の額に応じて加算）
メリット	・いつでも書き直せる ・費用がかからない ・証人が不要のため、秘密が保てる	・公証役場で保管し、破棄されても再交付可能 ・遺言の内容や様式に不備がない ・証人がいるため、後日争いになりにくい
デメリット	・死後遺言書が破棄され、思うとおりに相続されないことも ・内容等に不備があり、法的に無効になることも	・作成までの手間隙、労力、お金がかかる ・証人の立会いを要するため、遺言の内容が漏れることも

ち、委託者が受託者に託す財産は「信託財産」となります。第三者を受託者と定め、生前は委託者を受益者とし（自益信託）、死後は受益者をパートナーとする契約をすることで、遺言書同様にパートナーに財産を遺すことができます。こちらも、自己の大事な財産を第三者に託すことから、当然普通の契約書ではなく、公正証書で作成するのが良いでしょう（契約でなく、遺言で設定することも可能です）。後述しますが、公正証書は社会的に非常に高い証明力をもっていますので、ぜひ公正証書での作成をおススメします。

続いて表の△の説明にうつります。△は、事業主体者の判断によるもの、というくくりです。まずは、入院手続きと手術の同意。こちらはパートナーシップ合意書で具体的に内容を定めることができ、渋谷区のウェブサイトに掲載の「渋谷区パートナーシップ証明　任意後見契約・合意契約　公正証書作成の手引き」（以下、「公正証書作成の手引き」といいます）に出てくる「療養看護に関する委任」（本書p.258に掲載）等を入れることで、病院などで対応が可能となると推測されます。入院手続きは寛容に対応してくださった病院がある、というお話もちらほら伺いましたが、手術の同意に関しては現時点でそのような事例をヒアリングできておらず、また、この辺は病院等の事業者の判断によるところが大きいため、△をつけました。

家族割については、携帯電話会社の大手三社が、同居の人物またはパートナーシップ証明を受領した当事者ということが証明できれば、家族割の適用をしますと公式に発表していますが、それ以外の会社における家族割（マイレージを貯めたり、家族カードを作ったり等）は適用がないところがまだまだ多いので、△です。保険の受取人については、早速パートナーシップ証明を取得した当事者を対象とする商品がでてきたり（アスモ少額短期保険・ライフネット生命保険・日本生命保険・第一生命保険等）、不動産の入居（賃貸）についても、ＬＧＢＴフレンドリーな大家さんが出てきました。このあたりはいずれも法律ではなく、民間企業における取組みとして事業主体者の判断によりますので、今後の動向に目が離せませんね。

最後に住宅ローンについてですが、こちらも銀行業界に強い期待を寄せるところです。銀行としては大金を貸すにあたり、高い回収可能性を重視します。あなたがお金を貸す、という立場になって考えたときにも、「この人に貸して果たして返ってくるだろうか」ということは貸す判断基準のひとつになりますよね。個人間では、そのほか関係性なども考慮したりしますが、お金を貸すことを商売としている銀行は、そうはいきません。パートナーの当事者に共同で住宅ローンを組んだはいいけれど、「早々に別れました、家も借金もそんなもの知りません」、などとなってしまっては困るわけです（実際にこのようなパートナーはいないと思いますが……）。婚姻や養子縁組と異なり、パートナーシップの関係は、何かあったときのための法律上の担保がなく、法的安定性がありません。しかし、一方で不動産を担保にとっていますので、貸し倒れる危険性は少ないといえます。回収可能性の見方を少し変えるだけで、パートナーに対する住宅ローンの貸付も実現可能なのではないでしょうか。今後の動きに注目です。

（4）区内の事業者たちに課せられる義務

それでは、実際に渋谷区証明書が発行されるようになると、どんなことが起こり得るでしょう？　渋谷区の条例では、渋谷区民と事業者の権利及び義務を、次のように定めています。原文のあとに要約がありますので、また10行くらい読み飛ばしても大丈夫です。

（相談及び苦情への対応）
第十五条　区民及び事業者は、区長に対して、この条例及び区が実施する男女平等と多様性を尊重する社会を推進する施策に関して相談を行い、又は苦情の申立てを行うことができる。

2　区長は、前項の相談又は苦情の申立てがあった場合は、必要に応じて調査を行うとともに、相談者、苦情の申立人又は相談若しくは苦情の相手方、相手方事業者等（以下この条において「関係者」という。）に対して適切な助言又は指導を行い、当該相談事項又は苦情の解決を支援するものとする。

3　区長は、前項の指導を受けた関係者が当該指導に従わず、この条例の目的、趣旨に著しく反する行為を引き続き行っている場合は、推進会議の意見を聴いて、当該関係者に対して、当該行為の是正について勧告を行うことができる。

4　区長は、関係者が前項の勧告に従わないときは、関係者名その他の事項を公表することができる。

要約すると、

①区民と区内で事業を行う者は、この条例の具体的な事例に対し相談・苦情の申し立てをできる。

②相談・苦情があったときは、必要に応じて調査をし、関係者に助言指導する。

③関係者が助言指導に従わない場合、是正勧告する。

④それでも従わない場合には区長が事業者名等を公表することができる。

以上のような流れになります。

区民と事業者はこの条例の趣旨を理解するよう努め、わからないときは相談したり苦情を言ったりできます。しかし、担当者が相談に対し何が問題なのかわからない、理解に時間がかかる、どうしてよいかわからない、ということが出てくるかもしれません。が、この条例は全国初の試みです。いままでＬＧＢＴの人たちの存在を身近に知らなかった人たちもたくさんいるでしょう。時間がかかるかもしれませんが、一歩ずつ理解がすすんでいくことが大事だと思っています。

また、今回の渋谷区の条例では、関係事業者が区からの助言指導や是正勧告に従わない場合には、事業者名を公表できるといった方法をとっています。渋谷区内にある事業者はこの条例を遵守する義務がありますので、何度も指導を受けたのに従わないときは「ここの企業はＬＧＢＴに対し非寛容です」とのレッテルが貼られることになります。逆に、適正にこの条例を守り遂行している事業者には、表彰されるという良い点もあります（渋谷区の条例13条参照）。前章の池山さんのお話でもでてきたように、この条例は罰則ばかりに目がいきがちですが、ちゃんと行っていれば顕彰を与える、という点も着目したいところですね。

今やLGBTフレンドリーであることは、マイノリティに対して寛容であり、多様性を実現した企業体であるという、ひとつの基準となりつつあります。たとえば、ソフトバンクがいち早く同居の家族には携帯料金の家族割を適用し、携帯会社の乗り換えが起きた事象は有名な話です（本書発行時点ではすでに大手携帯電話各社が一定の要件をもとに家族割の適用を開始しています）。逆に、ロシアが2013年に同性愛宣伝禁止法を成立、施行させ、ソチオリンピックの開会式で各国首相がボイコットした事件はまだ記憶に新しいのではないでしょうか（ちなみに、このとき開会式に大国で参加したのは中国と日本のみです）。

2011年には、国連人権委員会で初めてLGBTに関する決議が採択され、日本もこれに賛同しています。にもかかわらず、日本は同性カップル差別に関する法律の是正がまったくされないため、2014年には勧告を受けました。この辺はほとんどメディアに流れていませんが、世界的にこれはとても恥ずかしいことです。

現在日本では、渋谷区、世田谷区に関係なく、LGBTの職場における環境改善への取組みをする企業体が増えてきました。当事者がカミングアウトできたことにより、カミングアウト前より仕事への取組む姿勢が真摯になったり、会社への帰属意識が向上したという事例が多いと聞きます。また、米国の調査では、カミングアウト前後で生産性が15％向上したという驚きのデータもあるようです。

また、アメリカ・イギリス・オーストラリア・香港においては、ＬＧＢＴの平等な職場環境について指標化し、ＬＧＢＴを含む多様性を生かした職場環境の形成がなされているかどうかを客観的に判断する取組みがすでになされています。指標が１００％を達成している企業には認定マークが与えられ、対外的にもＬＧＢＴが働きやすい職場であることの目安として公表することができるシステムです。今後日本でもこのような取組みがなされることが予想され、ＬＧＢＴにとって働きやすい職場が多くなることは間違いないでしょう。

step2

パートナーシップ合意書を作ろう！

では、次に渋谷区で証明書発行の申請をするために必要な書類を具体的に見ていきましょう。

前述【図5】のとおり、必要な書類は、共同生活に関する合意書（パートナーシップ合意書、準婚姻契約書）と任意後見契約書です。ただし、任意後見契約書は、要件の緩和がみられ、後述の特例に該当すれば、提出は任意となりました。

ここでは、まずパートナーシップ合意書について見ていきます。

（1）パートナーシップ合意書ってなに？

みなさんは、「内縁」または「事実婚」という言葉を耳にしたことがありますか？

内縁や事実婚は、準婚姻関係といわれるものです。準婚姻関係は、婚姻関係に準ずる関係のことで、法律上の手続きとしての婚姻届は提出していないけれども、事実上夫婦として生活を送る、婚姻に類似の関係を指します。事実婚では、戸籍に変動がおきないので名字を統一する必要はありませんが、子どもが生まれたときなどは婚外子として扱われるなど、法律上の保護を受けることができません。住民票の記載も「妻」や「夫」ではなく、「妻（未届）」「夫（未届）」となります。

事実婚とパートナーシップは、法律上の保護を受けられない点で共通する点も多く、一見似通って見えますが、最大の違いは、事実婚は選んで法律婚をしないと決め、パートナーシップは法律婚が選べないという点です。

海外のパートナーシップ制度を設けている国では、日本のものより随分と進んでおり、同性のみならず異性間のパートナーシップを認めている国もあります。日本では受けられない権利もまだまだ多く存在しますが、それだからこそ、このパートナーシップ合意書において、ある程度のことは定めておく必要があります。

渋谷区のウェブサイトに合意書のひな形が掲載されていますのでちょっと見てみましょう【図9】。

ひな形には、任意後見契約を必要とする基本型と、省略できる特例型の2パターンがありますが、こちらは特例型のサンプルです。基本型はこれよりもシンプルな

合意契約公正証書の文例サンプル〔特例型〕

この文例サンプルは、5 ページのパートナーシップ証明を行う場合の確認に関する特例に該当する場合の例示です。

文例サンプル中、区が確認する必須事項は、第２条第１項、第３条、第４条の内容となります（□の箇所）。第１条、第２条第２項及び第５条は、任意に記載した場合の例示となっており、二人の希望等により修正等をすることができます。また，この文例に他の事項を任意で追加することもできます（6ページの「任意事項事例集」を参照してください。）。

〔特例型〕（※日本公証人連合会作成）

パートナーシップ合意契約公正証書

本職は，平成○年○月○日，○○○○（以下「甲」という。）及び○○○○（以下「乙」という。）の嘱託により，次の法律行為等に関する陳述を録取し，この証書を作成する。

第１条　甲及び乙は，渋谷区男女平等及び多様性を尊重する社会を推進する条例に基づく「パートナーシップ証明」の取得に当たり，両名の共同生活に関し，以下のとおり合意する。

第２条　甲及び乙は，愛情と信頼に基づく真摯な関係にあることを確認する。

２　甲及び乙は，将来にわたるパートナーとしての意思が揺るぎないものであることを互いに誓約する。

第３条　甲及び乙は，同居し，共同生活において互いに責任を持って協力し，及びその共同生活に必要な費用を分担する義務を負うものとする。

第４条　甲及び乙は，甲（乙，甲及び乙）が〔ここに次の①～③いずれかの該当する事由を記載してください。〕事由があるところ，甲乙のいずれか一方の身体能力又は判断能力が低下したときは，他方は一方の生活，療養看護及び財産の管理に関する事務を可能な限り援助し，一方の意思を尊重し，かつ，その心身の状態及び生活の状況を配慮すること及び甲及び乙で必要が生じたときは速やかに，任意後見契約に係る公正証書を作成することを合意した。

① 乙（甲）以外の者を任意後見受任者とする任意後見契約を締結しており，（※これから締結する場合は「締結しようとしており」と記載），乙（甲）がこれに合意している
② 性同一性障害者の性別の取扱いの特例に関する法律（平成 15 年法律第 111 号）第３条に規定する性別の取扱いの変更の審判を受ける前の性同一障害者であり，性別の取扱いの変更の審判を受けた後、婚姻することを甲及び乙で合意している
③ 生活又は財産の形成過程であり，任意後見受任者に委託する事務の代理権の範囲を特定することが困難である

第５条　甲及び乙は，合意により本契約を終了させることができる。

２　甲又は乙は，他方が本契約条項に違反した場合その他本契約を継続し難い事由がある場合は，相手方に対する意思表示により，本契約を解除することができる。

３　甲又は乙は，本契約が解除された場合は，速やかに渋谷区長にパートナーシップの解消を届け出なければならない。

- 14 -

【図9】合意契約公正証書の文例サンプル（渋谷区ウェブサイトより）

ものになりますが、どうでしょう？　これは見本ですが、案外アッサリしたものですね。もちろん渋谷区証明書を取得することのみが目的の方は、これをそのまま使ってもいいかもしれません。しかし、これは証明書を取得するためだけに必要な事項のみを列挙したもので、実際には盛り込んでおいたほうがいい項目が他にいくつかあります。

そこで、渋谷区のサンプル文例に、いくつか項目をつけ加えてみました。表現方法はできるだけ難しい単語を使わず、わかりやすい表現にしています。これを参考に、自身に必要なものを組み合わせて合意書を作成してみましょう。契約書だからといって難しい言葉を使う必要はありませんので、ご自身で作成する際も気負わずに作ってみて、心配であれば専門家に作成・チェックを依頼しましょう。

【パートナーシップ合意契約書】

●・・・渋谷区証明書を取得する際に必ず入れなければならないもの
○☆・・・渋谷区証明書を取得する際に入れても入れなくてもOKなもの
（●と○は、渋谷区「公正証書作成の手引き」より）

☆前文

A（以下「甲」という。）及びB（以下「乙」という。）は、本日、互いを生涯のパートナーと認め、今後準婚姻関係に相当するパートナーシップ関係を協力して営むことを約束した。そして、お互いに、病めるときも、健やかなるときも、喜びのときも、悲しみのときも、富めるときも、貧しいときも、これを愛し、これを敬い、これを慰め、これを助け、互いに支えあい、その命ある限り、真心を尽くすことをここに誓う。

合意書を作成するときには、契約の趣旨を一番最初に入れたりすることがあります。サンプルでは、結婚式でよく牧師さんが唱えるアレを入れてみました。単純に合意書を作成するより、気分があがること間違いなしです。こちらは、入れても入れなくてもOKです。

○（目的）

第1条

甲及び乙は、渋谷区男女平等及び多様性を尊重する社会を推進する条例に基づく「パートナーシップ証明」の取得に当たり、両名の共同生活に関し、以下のとおり合意する。

第1条は、この契約の目的です。任意的記載事項ですが、契約を結ぶときには、こちらを入れておいた方がなんのための契約かわかりやすいですね。

●（宣誓）
第2条
1　甲及び乙は、愛情と信頼に基づく真摯な関係にあることを確認する。
2　甲及び乙は、将来にわたるパートナーとしての意思が揺るぎないものであることを互いに誓約する。

第2条第1項は必要的記載事項です。必ず入れてください。2項はどちらでもOKです。

●（同居及び費用分担の義務）

第3条

甲及び乙は、同居し、共同生活において互いに責任を持って協力し、及びその共同生活に必要な費用を分担する義務を負うものとする。

必要的記載事項です。必ず入れてください。二人で共同して同居生活を送り、必要な費用を分担しなければならない点が書かれています。申請当時は一緒に住めていないカップルもいるかと思いますが、パートナーシップを結ぶにあたっては結婚と同じように同居することが前提となります。生活の本拠をどこに置くか、しっかり話し合いましょう。

☆（貞操義務）

第4条

1　甲及び乙は、互いに相手方に対する貞操義務を遵守し、同性・異性を問わず不貞行為又は不貞行為に相当するような行為をしないことを約束する。

2　前項に違反した場合、不貞行為当事者は、相手方からの慰謝料請求に応じなければならない。
3　慰謝料の額は、浮気・不倫時の慰謝料算定方法に準ずるものとする。

任意的記載事項です。入れても入れなくてもＯＫです。３項の慰謝料の算定方法などは、あくまでもひとつの基準です。例えば、「慰謝料の額は、５００万円とする。」など、具体的な金額を入れる場合もあります。支払い方法（一括なのか、分割なのか、手渡しなのか振込みなのか、等）も入れておくと、より契約書っぽくなりますが、支払う前提の契約書は楽しくないので割愛します。入れたい方は専門家にご相談ください。

○（財産関係）
第５条
1　甲及び乙が、本契約時までそれぞれが有する財産は、各自の固有財産とする。
2　甲又は乙が、それぞれの親族から譲り受け、又は相続した財産は、各自の固有財産とする。
3　前2項に記載した以外の、甲乙の共同生活の期間中に取得した財産は、別異の合意がない限り、両名の共有に属するものとする。
4　共同生活に要する生活費は、原則として甲乙が平等に負担する。ただし、各人の収入が著しく相違する場合は、その収入に応じて公平に分担するように双方で協議する。

任意的記載事項です。入れても入れなくてもOKですが、お金関係をきっちりしたいカップルは入れておいた方が良いでしょう。「固有財産」という単語はわかりづらいかもしれませんが、要は「自分の財産」ということです。

自分の預貯金口座にあるお金は自分のお金、と考えるのは当然なのですが、夫婦の場合、お財布が一緒になっていて、ある方から出す、ということも多いのではないでしょうか。アメリカでは夫婦は共有名義の口座を作ることができますが、日本の銀行ではそうはいきません。「フウフ」（夫夫または婦婦）共有財産の管理をどうするか、これを機に決めておくと良いかもしれません。

○（日常家事債務に関する責任）

第6条

甲乙の一方が日常の家事に関して第三者と法律行為をしたときは、他の一方は、これによって生じた債務について、第三者に対して連帯して責任を負う。

任意的記載事項です。婚姻をすると、一般的に日常生活で夫が作った借金は妻の借金でもあり、妻の借金は夫の借金でもあります。例えば、妻が夫から持たされているる家族カードを使ってちょっと高いコートを買ってきたとします。夫は、カードの支払いの際になんか高いぞ？と思い明細を見て、コートの値段にビックリ。「こんなもの、妻が勝手に買ったものだから、私は認めないぞ！」と言ってもカード会社には通用しません（夫婦の職業や社会的地位、資産、買った物の金額、生活習慣等をもろもろ考慮して判断されますので、一概に支払わなければならないとはいえませんが）。パートナーシップ関係も婚姻に相当する関係となりますので、これに準ずるものとして第三者に対する責任を負うことが、社会的責任をまっとうすることになると思います。フウフであるならば入れていただきたいところです。

○（療養看護に関する委任）

第7条

1　甲乙は、そのいずれか一方が罹患し、病院において治療又は手術を受ける場合、他方に対して、治療等の場面に立ち会い、本人と共に、又は本人に代わって、医師らから、症状や治療の方針・見通し等に関する説明を受けることを予め委任する。

2　前項の場合に加え、罹患した本人は、その通院・入院・手術時及び危篤時において、他方に対し、入院時の付添い、面会謝絶時の面会、手術同意書への署名等を含む通常親族に与えられる権利の行使につき、本人の最近親の親族に優先する権利を付与する。

任意的記載事項ですが、入れておくことを強くおススメします。パートナーが入院等したときは親族等最近親者の決定が優先するため、パートナーに自分の看護を任せたり治療方針等を委ねていたとしてもそれを証明する手だてがありません。パートナーに委ねたい場合には、第三者にこれをはっきりと伝えるためにも入れておいた方が良いでしょう。

☆（親族関係）
第8条
1　甲及び乙は、原則、互いの親族とは同居しない。ただし、介護等により同居の必要性が生じたときは、思いやりをもち、十分協議を重ね、決定することを約束する。
2　前項ただし書きにより互いの親族と同居をすることになったときは、費用負担や介護分担についても十分に話し合い、どちらかの負担が多くなりすぎないよう配慮する。

任意的記載事項です。最初から相手の両親と同居するフウフは少ないかとは思いますが、時間を重ねるにつれ、ウチの親と同居しよう、同居したい、という話もでてくるかもしれません。これは、フウフに限らず夫婦でも起こり得る話です。ただ、この条項を入れておいたからといって、実際に親が倒れたときにまで、「合意書で同居しないって決めたじゃん！」となってしまうのもどうかと思います。また、逆に、同居を前提とするフウフの場合には、その旨うたっておくこともできます。この辺は、よく相談の上決めてください。

☆（子）
第9条
1　甲及び乙は、慎重に協議を重ねた上で、養子縁組等により子を迎え入れ、育てることができる。
2　養子縁組又は第三者からの精子提供等いかなる手段においても子を迎え入れる場合には、事前に戸籍関係について十分に話し合い、後にこれを覆すことはしない。
3　子どもにはたくさんの愛情を注ぎ、暴力を振るわないことを約束する。
4　子どもの生活費・教育費・娯楽費・保険等子どもの養育費については、甲及び乙の収入に応じて公平に分担する。
5　子どもに関して生じる様々な悩みや問題は、その都度十分に話し合い、甲及び乙が責任と誠意をもって解決に望むことを約束する。

任意的記載事項です。フウフの中には、子どもを残したい、と望む当事者も今や少なくありません。子どもについての条項は、決め始めるとありとあらゆることがあるので、あくまでもガイドライン的なところのみおさえてあります。実際に子どもを迎え入れるときに気になることがあれば、別途覚書等を作成すると良いかもしれません。逆に、子どもが欲しくないフウフは、「甲及び乙は、将来子どもを迎え入れないことを確認する」などという条項を入れるのも良いでしょう。こちらは、入れても入れなくても、どちらでもOKです。

☆（緊急連絡先）
第10条
甲及び乙は、互いに相手方を緊急連絡先として登録する。また、互いの親族関係等一覧表を作成し、それぞれの緊急時に速やかに連絡がとれるよう、予め備えておくよう努める。

任意的記載事項です。これも入れても入れなくてもどちらでもOKですが、連絡先一覧は作っておいた方が良いでしょう。この辺については、『ふたりで安心して最後まで暮らすための本』（永易至文著、太郎次郎社エディタス、2015）という本で詳しく紹介されており、一読するとよりイメージが湧きやすいです。さまざまな工夫も施された読みやすい本ですので、ぜひお手にとってみてください。

●（任意後見契約）
第11条
　甲及び乙は、甲（乙、甲及び乙）が【ここに①〜③のいずれかの該当する事由を記載してください。】事由があるところ、甲乙のいずれか一方の身体能力又は判断能力が低下したときは、他方は一方の生活、療養看護及び財産の管理に関する事務を可能な限り援助し、一方の意思を尊重し、かつ、その心身の状態及び生活の状況を配慮すること及び甲及び乙で必要が生じたときは速やかに、任意後見契約に係る公正証書を作成することを合意した。

①　乙（甲）以外の者を任意後見受任者とする任意後見契約を締結しており、（これから締結する場合は「締結しようとしており」と記載）、乙（甲）がこれに合意している

② 性同一性障害の性別の取扱いの特例に関する法律（平成15年法律第111号）第3条に規定する性別の取扱いの変更の審判を受ける前の性同一性障害者であり、性別の取扱いの変更の審判を受けた後、婚姻することを甲及び乙で合意している

③ 生活（財産、生活及び財産）の形成過程であり、任意後見受任者に委託する事務の代理権の範囲を特定することが困難である

特例により任意後見契約書を提出しないカップルには、必要的記載事項です。これがない場合には、任意後見契約書の提出が必須となりますので、注意が必要です。

なお、任意後見契約書が省略できる場合については、step3で説明をしましたので、そちらを参照ください。覚えておいていただきたいのは、特例を適用する場合には、この条項が必須であるということです。

☆（遺贈）

第12条

甲及び乙は、将来互いに相手方を受遺者とする遺言書を作成し、その固有

の財産を遺すことを約束する。また、保険に加入する場合、当初保険金の受取人になることができなくても、受取人の変更等を試み、相手方に遺すよう努める。

任意的記載事項です。フウフは、前述のとおり相続が発生した際に互いの財産を直接相続することができません。そこで、遺言書を作って相手に遺すことを約束しておくことを明記しておきます。生命保険も、保険法では保険金受取人の制限を特に設けてはいませんが、各社約款で制限を設けているところがほとんどです。前述のとおり、LGBTを対象とする保険商品もでてきましたので、そういった保険を正しく活用することもこれから考えていくと良いでしょう。

☆(死後)
第13条
1　甲及び乙は、共同してお墓を購入し、一緒に入れるところを探すよう努める。
2　甲又は乙が亡くなったときは、生存当事者は、喪主を務め、死後に関する事務手続その他一切の必要な行為を行う。
3　甲及び乙は、自身亡き後、相手方（生存当事者）が再度別のパートナーとパートナーシップ契約を締結することを許容する。

任意的記載事項ですが、こちらも第2項は入れておくことをおススメします。自身が亡くなった後の手続きを相手に委任するものです。パートナーに各種手続きを行ってもらうことが大変厳しいです。パートナーシップを結ぶときに死んだ後のことなんて、と思う方もいらっしゃることでしょう。ですが、現在のＬＧＢＴを取り巻く環境はまだまだ厳しく、こういった文言を予備的に入れておいた方がいいことも事実です。

○（パートナーシップの解消）
第14条
1　甲及び乙は、合意により本契約を終了させることができる。
2　甲又は乙は、他方が本契約条項に違反した場合その他本契約を継続し難い事由がある場合は、相手方に対する意思表示により、本契約を解除することができる。

3　甲又は乙は、本契約が解除された場合は、速やかに渋谷区長にパートナーシップの解消を届け出なければならない。

任意的記載事項です。パートナーシップを始めるのも終わらせるのも当事者の合意によります。「三回浮気したら解消する」などと、より具体的な条件を解消事由として決めることも可能です。

前述の療養看護の委任や死後事務委任も十分に大事なことなのですが、個人的には、関係が悪くなったときの対処法、いわゆるパートナーシップを解消することになったときのことも同じくらい大事だと考えています。共同で購入した電化製品の行方もさることながら、財産分与の基準や任意後見契約もあわせて解消するのかどうかなど、パートナーシップには特有の決め事があります。これらをパートナーシップ合意書に載せることは、夢がないと思う方もいらっしゃると思いますが、いいときの関係の話ほど、別れたときには到底当てになりません。婚姻届を提出するときに離婚のことを考える人は少ないと思いますが、パートナーシップについては、通常の婚姻と異なり、法律が適用されません。法律が適用されないということは、パートナーシップを解消するということになったときの前例がないため、揉めたときに指針となるべきものが少なく、裁判で争うなどということができない、またはできるとしても非常に時間がかかったりと、困難に見舞われることが推測されます。好きな人と一緒に暮らして、夢の同居生活〜♪といったテンションのまま、めんどくさい契約書はとりあえずひな形をそのまま使って、パートナーシップの申請書を提出することももちろんOKです。

でも、夢いっぱいの生活を前に、今からそんなことは考えたくない！と思わないで、できればちゃんと考えてください。とてもとても、重要なことなのです。

◯（財産関係の清算）

第15条

甲及び乙は、将来本契約が解消された場合においては、共同生活中に形成された共有財産については、均等の割合で分割するものとする。ただし、甲乙間で協議の上、別異の合意をしたときはその合意に従う。

任意的記載事項です。前条の説明にも記載しましたが、決めておくと良いでしょう。共有財産を均等の割合で分割する、とせず、じゃんけんで決定する、などもアりです。

○（慰謝料）
第16条
　本契約の終了につき責任のある当事者は、相手方に対し、別途、慰謝料の支払義務を負うものとする。

任意的記載事項です。入れても入れなくてもＯＫです。

☆（秘密保持）
第17条
1　甲及び乙は、パートナーシップ関係を原因として知り得た相手方に関する秘密を、第三者に開示又は漏洩しないものとする。
2　甲又は乙が相手方の秘密情報を故意又は重大な過失により漏洩し、これにより相手方に損害が生じた場合には、加害当事者は、相手方に対し、損害を賠償し、その他関係の修復に必要な一切の義務を負う。

任意的記載事項です。別れた後に、元パートナーが自分の仕事上の秘密や性癖などを悪意をもって第三者にばらしてしまったら……あまり想像したくないことですが、ない話ではありません。夢のない話で大変恐縮ですが、入れておくことをおススメします。

○（別途協議）
第18条
　本契約に関し、本証書に記載のない事項及び本契約の解釈について疑義のある事項については、甲及び乙は、互いに誠意をもって協議し、解決を図るものとする。

任意的記載事項です。書いてないことは話し合いで決めましょうね、という内容で、様々な契約書の最後の方には書いてあることが多いです。注意的なものですね。

さて、ざっと条項を見てみましたが、いかがでしょうか？　どれを入れてどれを入れないか。また、当事者に固有の入れておきたい事項もでてくると思います。

これはあくまでもサンプル文例です。契約の各条項は自身の責任をもって、公序良俗に反しない限りにおいて自由に決めてください。証書作成手数料は、渋谷区のひな形で作成しても1万5000円程度はかかると思われます。なお、これらの内容をすべて盛り込んだ場合、プラス3000～5000円程度でしょうか。いずれにせよ、2万円程度に収まることがほとんどだと思います。なお、巻末に渋谷区証明書受領第1号となった増原裕子さん、東小雪さんフウフが提出したパートナーシップ合意書の公正証書のコピーを掲載させていただきましたので、参考までにご覧ください。こちらで1万8250円だそうです。

この合意書は、二人の大事なことを決める契約書です。渋谷区のひな形と自分たち専用にアレンジしたもの、どちらのタイプを選択するか。すべてはあなたたち次第です。

（2）どこで作るの？

さて、この契約書は「公証役場」というところで作成します。step1から公正証書、というキーワードが出ていますので、まずは公正証書について、簡単にご説明します。

私たちが作る文書、一般的な契約書などは「私文書」といいますが、これに対し、公務員が作成する書類を「公文書」といいます。法律の専門家である公証人は厳密にいうと公務員ではないのですが、公証人法の規定により、実質的意義における公務員に当たると解されており、公証人が作成する文書を「公正証書」と呼びます。公証人は、公証役場に勤めており、検事や裁判官を退官された実務経験が豊富な方がなることが多いので、公証役場に行くと概ね年配の公証人の方に担当してもらうことになります。

公証役場は全国でおよそ300か所に点在し、地方都市ではひとつの県に2〜5か所、政令指定都市などの大都市や首都圏では10か所程度、東京では45か所存在します。都内では割と見かける公証役場ですが、地方都市にお住まいの方にとってはあまり馴染みのある場所ではないかもしれません。

さて、公証役場を利用する際の注意事項ですが、飛び込みで行くのは止めた方がよいでしょう。おススメしません。都心部の公証役場に限らず、公証役場は日々の事務に追われています。必ず電話で、

①渋谷区証明書取得のための証書の作成をしてもらえるか

②いつ訪ねたらよいか

を確認してから行ってください。なお、公証役場の営業時間は、平日の朝9時から17時までです（相談に行く際など、遅刻厳禁です）。土日祝日はやっていません。

ところで、公証役場で公正証書を作ってもらうには、次の二つの方法があります。

①自分たちで下書きを作って持っていく

②専門家に下書きを依頼する

②の専門家とは、弁護士・司法書士・行政書士等のことです。多少手数料はかかりますが、思い切って専門家に頼むのもひとつの手です。確実かつスピーディに対応してくれることでしょう。巻末に全国の相談先一覧を載せましたので、参考までにご利用ください。

なお、専門家に案文の作成を頼んだ場合でも、最終的に契約の当日は当事者が行かなければなりません。最低一回は公証役場に行くことになりますが、実際に公証役場でかかる時間は20分程度です。緊張の一瞬ですが、どうぞ二人で楽しんできてください。

渋谷区の公正証書作成の手引に、都内公証役場一覧が掲載されていますので、こちらも参考にしてみてください（本書p.266に掲載）。

（3）何歳から作れるの？

さて、このパートナーシップ合意書、何歳から作れるのでしょう？　契約は一般的に、意思能力があると認められるときから有効となりますので、意思能力を認められる15歳以上であれば作れそうです。しかし、婚姻に準ずる契約ですので、当事者の一方が18歳以上、もう片方は16歳以上と考えるのが妥当でしょう。渋谷区の条例も世田谷区の要綱も、証明書の発行要件として20歳以上を設定していますが、この合意書はそれ以前に作成してはならないということではありません。20歳になると同時にパートナーシップ証明の発行を希望する場合には、その少し前くらいから、公証役場へ相談してみましょう。

なお、東京都内の公証役場のいくつかに確認をとったところ、そもそも婚姻契約書自体を公正証書で締結する方がほとんどいないとのことで、ましてや同性間のパートナーシップ合意書は作成経験がない、という公証役場が渋谷区証明書の交付前は多かったです。当事者にとっても公証人にとっても、今後新たな挑戦が続きそうです。

ちなみに、条例が施行された以降も、公証人の中には「同性間のパートナーシップ合意書なんて公序良俗に反するから作成できない」と仰る方もいらっしゃったそうです。好きな人と人生を共に歩みたいと公に言った結果、知らない第三者に「あなたたちは公序良俗に反している」と言われることは、とても寂しい現実です。しかし、パートナーシップ合意書を作成したい、という数が増えれば増えるほど、社会も変わるはずです。もちろん、当事者に対して好意的だったという公証人の話も聞きます。そう落ち込むこともありません。作ってくれるところで、作ってもらえばよいのです。

step3

任意後見契約書を作ろう！

では、最後に任意後見契約書について見ていきましょう。

任意後見契約書は、

① 相手方当事者以外の者を任意後見受任者とする任意後見契約を締結し、又は締結しようとしており、相手方当事者がこれに合意しているとき。

② 性別の取扱いの変更の審判を受ける前の性同一性障害者で、性別の取扱いの変更の審判を受けた後、婚姻することを両当事者間で合意しているとき。

③ 生活又は財産の形成過程であり、任意後見受任者に委託する事務の代理権の範囲を特定することが困難であるとき。

④ ①~③のほか、区長が合理的な理由があると認めるとき。

（「渋谷区パートナーシップ証明発行の手引き」本書p.245に掲載）

が満たされていれば添付が任意となりました。

これは、両当事者が老齢で双方とも意思能力が低下してしまったときに財産管理等について当事者以外に適任者がいるにもかかわらず、当事者間での契約を必要とすることは非合理的であることや、若いカップルなどにおいては将来のライフプランが描ききれていない段階で契約を締結させることの実益が乏しいこと、性同一性障害である当事者が性別変更の審判を受けた後に結婚を約束しているような場合にまで契約を求めて、両者の関係の真実性を確認する必要性が乏しいことなどが理由のようです。

提出の省略が認められたとはいえ、やはり任意後見契約書は重要です。これを機に作っておきたいと思われる方、特例にあたらない方のために、任意後見契約書についてお話したいと思います。

（1）任意後見契約書ってなに？

まず、任意後見の説明にあたり、（法定）後見制度について少しお話します。契約書の中身やいくらかかるのかだけ知りたいという方はこの辺を読み飛ばしていただいて結構です。——と思いましたが、自身が今後結ぶであろう契約について知っておいて損はないかと思うので、やっぱりここも読んでください（笑）。

堅苦しい言葉が増えてきますので、実際に同棲暦10年のAさん（45歳）とBさん（40歳）のガチムチ系ゲイカップルが任意後見契約書を作る、というイメージで読み進めてみてください。

——ある朝、Aさんが家で筋トレをしていると、チャイムが鳴りました。出てみると、工具を持ち作業服を着た人が数名。あ、かわいい子〜ラッキーだなんてドアを開けると、彼らから出てきた言葉が「リフォームの工事に参りました〜今日はよろしくお願いします」。

アレ？　それウチじゃないですよ、そんなの頼んでませんから、と断るAさん。

「いえいえ、ちゃんとBさんからリフォームの依頼を受け、日程も調整して今日来てますから、工事させていただきますよ」と、業者の方から契約書を見せられます。

ホントだ、Bのサインと捺印がある。でも、何にも聞いてない！　とりあえず、「私もここに一緒に住んでおりますので、今日はお引取りを」と、業者には帰ってもらいました。

実は、Bさんは、若年性アルツハイマーが一気に進行して判断能力が著しく鈍り、家のリフォーム契約をいつの間にかしていました。金額は1000万円。ですが、Bさんは契約をしたことも、まったく覚えていません。Bさんにしてみれば身に覚えのないこと。なんでAさんから怒られているのかわからないと喧嘩になってしまいました。

ですが、契約は契約。言い争っていても仕方がない、とりあえずリフォームなんて必要ないから解除しよう、そうしようと意見がまとまったところで、その日の晩、AさんとBさんは業者に電話をします。

「スミマセン、先日のリフォーム契約なんですが、ちょっと勘違いしてたみたいで。解除したいんですが、いいですか？」

「そうですか～解除されますか、承知しました」との答えに二人はひと安心。それも束の間、業者の口からは信じられない言葉が出てきました。「違約金は、契約金額の20％になりますので、200万円になります。○月○日までにお支払をお願いします」「え！　だって工事入ってないじゃん」「いえ、業者や機材の手配、材料の購入はすでに済んでおり、こちら違約金として契約書にも記載してありますのでご確認ください。では、○月○日までにこちらまでお振込みお願いいたしますね」
Aさんはたまらず電話を切ってしまいました。これは夢だ、夢に違いない。とりあえずこんな契約は無効だろうから、ほっとけばいいさ……
次の朝、またチャイムが鳴りました。寝ぼけ眼のAさんが、ボーっとした頭でドアを開けると、強面のお兄さんがニコニコしながら立っていました。「○○リフォームさんより債権譲渡を受けました、××と申します。今日は返済計画のご相談に参りました」と迫ってきます。うーんやめてくれー！　こんなの夢だー！　嫌だー！

ハッと目覚めると、Aさんはベッドに汗びっしょりで横たわり、Bさんが心配そうに覗き込んでいました。Aさんは一連の話が夢だったことに安心し、真剣にBさんとの未来について考えることにしました。

さて、この事例ではリフォーム会社が怪しいのは一目瞭然なのですが、本書ではそこではなく、Bさんが判断能力が落ちているにもかかわらず契約をしてしまい、それを取り消せなかったという点にフォーカスしたいと思います。このような事例において、判断能力が著しく落ちてしまった人、これを保護し、支援するのが後見制度です。

改めて、後見制度とは、認知症や知的障害を持つ人が、判断能力が衰えてしまったために自身で契約や遺産分割協議を行うことが難しいとされるとき、自分の代わりに意思決定をしてくれる人＝後見人をたてて、その人に自身の財産等を保護・管理・監督してもらう制度をいいます。この事例では、AさんがBさんの後見人となっていれば、Aさんは、Bさんがした契約を取消すことができました。

最近では判断能力の低下を招く病気は老齢者に限らず若年層でも散見されるため、老若男女問わず、意思・判断能力弱者を保護する制度となっています。では、後見人はどこで、どのように、誰が選任されるのでしょう。

後見人は、当事者や利害関係人が被後見人の住所地を管轄とする家庭裁判所へ申し立てることにより選任され、弁護士や司法書士、社会福祉士などの専門職がその地位に就くことが多く見られます。以前は親族が後見人になることが多かったのですが、後見人による財産の着服などから他の相続人と揉めることも多く、制度開始当時に比べ現在では、法定後見で親族が選任されるには一定の要件を課されるなど、難化傾向にあります。

申立の際に後見人にしたい人を記載しておけば、その方が選ばれることもありますが、裁判所が不相当と認めたときには、その方は後見人になることができません。「パートナーではなく、どこの誰とも知らない人が自分の財産管理をするなんて、そんなことは嫌だ！」――そうですよね、その気持ち、よくわかります。これはＬＧＢＴに限らず、みなさん共通して困った悩みでした。そこでできた制度が、任意後見制度です。

任意後見とは、あらかじめ公正証書で契約を結ぶことで、誰を後見人にするか、どんな財産を管理してもらうかなど決めておくことができるものです。ただし、どんなことでも決めていいわけではありませんし、契約を結んだからといってすぐに後見人となるわけではありません。

任意後見人となる予定の人は、任意後見契約において面倒をみることになった相手方の判断能力が衰えたと判断したときに、管轄の家庭裁判所へ「任意後見監督人」選任の申立てをします。裁判所が任意後見監督人を選任することによって、はじめて任意後見契約が発動し、その契約で決められた人が任意後見人となるのです。

この辺はちょっとわかりづらいので、おおまかな流れを図でご覧ください【図10】。

(2) すぐできるの？

さて、AさんとBさんは、公証役場で任意後見契約書の公正証書を作ることにしました。すぐにできるのでしょうか。3日？ 1週間？ 2週間？ 1か月？

公証役場に電話をするところから、日程調整をし、実際に作成して捺印、となるまでには2週間程度はみておいた方がよいでしょう。捺印の際には、個人の実印と印鑑証明書が必要となりますので、役所で印鑑証明書を取っておかなければなりま

【図10】後見人となるまでの流れ

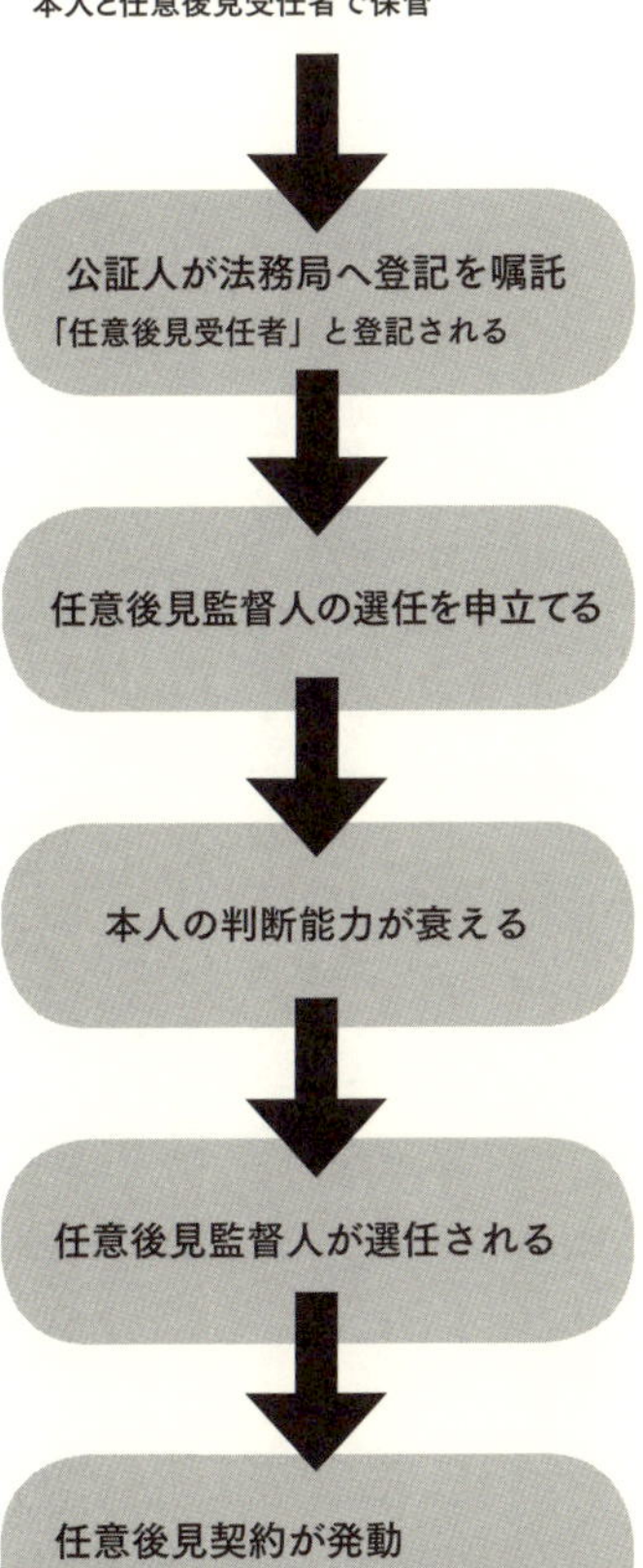

せん。また、当日は契約書の読み合わせや、捺印作業、謄本の作成や支払なども含めると、少なくとも30分程度はかかります。

予約を取らないといけない公証役場も多くありますので、今作ろう！と思ってすぐにできるものでもありません。どういった内容で作成するのか、いつまでに作りたいのかなども含め、事前に公証役場への確認を取りましょう。なお、この際にも、内容精査及び時短のために専門家に作成を依頼するのも良いでしょう。

（3）いくらかかるの？

費用は、作成する種類によって金額が異なります。任意後見契約書は、

（1）任意後見契約書
（2）任意後見契約書＋死後事務委任契約書
（3）財産管理等委任契約書＋任意後見契約書
（4）財産管理等委任契約書＋任意後見契約書＋死後事務委任契約書

の4パターンに大別することができます（専門家が入る場合を除く）。

財産管理等委任契約は、意識はあるのに体が不自由な状態で自由に動き回れない

ときなどに効力を発揮する契約です。たとえば、Aさんが長期の入院となってしまい、戸籍謄本を取らなければならないとき、自分では区役所へ取りに行くことはできません。また、入院費や治療費、施設利用料の支払いや各種手続きなども自身ですることができません。このようなときのために、あらかじめ委任する事務手続きの内容を定めておくことが、主な内容となります。

死後事務委任契約は、財産管理等委任契約が生前の事務手続きであるのに対し、パートナーが亡くなった後の事務手続きをお願いする契約になります。具体的には、

①通夜・告別式・火葬・埋葬などの手続き
②老人ホームの施設利用料等の精算や退所手続き
③行政官庁における諸手続き

などを定めておくことができ、また、子どもがいる場合にパートナーに資産を管理・運用してほしい、などの要望もいれることができます。資産の運用については、民事信託を利用することでも対応が可能ですので、詳しくは専門家にご相談ください。お墓へ埋葬する手続きなどもこの契約書により実現することが可能です。

なお、遺言書を作成して遺言執行者というものを定め、その方にお願いすることも可能ですが、遺言は契約と違い一人で作るものです。遺言執行者に選任した方に断られてしまうリスクがありますので、心配であればこちらも入れておくと良いで

しょう。

よって、たとえば（1）で作成する場合には、

①公証役場での手数料　　1契約につき1万1000円

（※証書の枚数が4枚を超えるときは、超える1枚ごとに250円が加算されます）

②法務局に納める印紙代　　2600円

③法務局への登記嘱託料　　1400円

④書留郵便料　　約540円

⑤正本謄本の作成手数料　　1枚ごとに250円加算

（※平成27年11月5日時点）

一人分で概ね2万5000円〜3万円前後と考えておくと良いでしょう。

財産管理等委任契約書や死後事務委任契約書を追加でお考えの方は、2万5000円×契約の個数分×二人分の金額が必要です。これらはひとつの証書で作成されますが、契約の区分が違うために別途契約の個数分費用がかかります。詳細は公証役場に必ず確認をとってください。

（4）どんな内容？

さて、契約書の肝心な中身についてです。渋谷区が公開している「公正証書作成の手引き」に文例サンプルがありますので、参考までご一読ください（本書p.260に掲載）。こちらでは、要約を見ていきましょう。

①この契約は、将来私たちの判断能力がなくなったときのために、パートナーを後見人として定めるものです。
②この契約は、家庭裁判所による任意後見監督人が付されたときよりその効力を生じます。
③パートナーにお願いする事務の範囲は別紙のとおりです。
④パートナーの身上について配慮します。
⑤この契約の効力が生じたときは、財産を管理するのに必要な一切の書類をパートナーから預かります。パートナー以外の者が所持している場合には引き渡してもらうことができますし、必要な郵便物は開けることができます。
⑥後見事務を遂行するために必要な費用は、被後見人の財産から支払います。
⑦後見事務を行う代わりに、報酬をもらう（またはもらわない）ことができます。
⑧3ヶ月ごとに任意後見監督人に報告をします。
⑨この契約の変更及び解除は、公正証書で行います。

⑩この契約は、パートナーが死亡・破産・後見開始などの事由が発生した場合に終了します。

どれも大事な条項ですが、中でも大事なのは③と⑤、パートナーにお願いする事務の範囲と、預けるものの内容です。キャッシュカードから預金通帳、印鑑カードも預けるのか否か。また、報酬の有無も重要ですので、こちらもあわせて確認することをオススメします。

任意後見契約書が作成されると、公証人が法務局へ登記を嘱託し、完了すると「後見登記事項証明書」というものが出来上がります。渋谷区証明書、または世田谷区受領証が発行されるまでは、公的な証明書といえばこの「後見登記事項証明書」のみでしたので、その意味合いもあって任意後見契約書を作成する同性カップルは多かったのではないでしょうか。いずれにせよ将来の不安がこれで拭えるわけではありませんが、こうして備えておくことが、いざというときにあなたの、そしてパートナーの身を守る術になるはずです。パートナーシップ証明の取得の有無にかかわらず、作っておくことをおススメします。

(5) 終わりに

さて、今までパートナーシップ証明の発行手続きや各種制度概略について触れてきましたが、いかがでしょうか？「結婚するときは婚姻届を役所に提出するだけでいいのに、渋谷区証明書は契約書を少なくとも一種類作成したりと、お金も手間もかかって不公平だ」。そう思う方もいらっしゃるかもしれません。ですが、これは日本で初めてできた、生まれたてほやほやの制度です。条例・要綱とはいえ、国内で同性カップルのパートナーシップ証明書が発行されるようになったということは、画期的な第一歩ではないでしょうか。

また、他の地方自治体でもパートナーシップ制度の導入の動きもあると聞きます。今後、地方自治体の動きにも目が離せませんね。

今回このパートナーシップについて条例や要綱ができたことで、これを基準に裁判になることが出てくることも予想されます。しかし、裁判例は法律が生まれる前段階のもの。裁判例が積み重なることにより、法律ができ、または解釈の変更などにより、いつか日本でも、すべての人に開かれた婚姻制度ができる日がくることを、切に願っています。

資料

渋谷区議会議事録 パートナーシップ関連の議論の要旨

「渋谷区議会ホームページ」の「会議録の閲覧」ページで公開されている議事録を利用して、ポット出版編集部が要約をしたものです。全文は渋谷区議会のウェブサイトに掲載されています。
https://www.city.shibuya.tokyo.jp/gikai/
（なお、本文中の会派は当時のもの）

●平成24年（2012年）6月　定例会（第2回）
6月8日
長谷部健議員（無所属クラブ）が、LGBTのカップルが安心して暮らせる環境の整備を目的に、渋谷区在住のLGBTの人を対象とするパートナー証明の発行を提案。桑原敏武区長は、渋谷区は多様な方々を受け入れる共生社会でなければならないとした上で、パートナー証明が「一体どのような意味を持つのか」「自治事務の範囲内で考えることはできるのか」を研究する必要がある、との見解を示す。

●平成25年（2013年）3月　定例会（第1回）
3月7日
長谷部健議員（無所属クラブ）が「ピープルデザイン」とは、「第三者への配慮・共存・共生への気づきがある」「ハンディを解決する機能やサービスがある」「ファッション・インテリアデザインとして洗練されている」という三つの定義のうち、二つ以上を満たすものだと説明。LGBTパートナー証明書の発行などは、ピープルデザイン的な政策の一つだ、と述べる。

●平成25年（2013年）6月　定例会（第2回）
6月5日
岡田麻理議員（新民主渋谷）が、渋谷区独自のパートナーシップ証明書の発行を提案。桑原敏武区長は、「制約も大きく、検討すべき課題が多くある」が、「今後、専門家の御意見等も聞きながら前向きに検討してまいりたい」と答弁。

●平成25年（2013年）9月 定例会（第3回）9月9日

小柳政也議員（無所属クラブ）が、サンフランシスコ市視察の結果を報告。桑原敏武区長は、パートナーシップ証明書の発行は「時間のかかる問題だ」という見解を示す。

●平成26年（2014年）6月 定例会（第2回）6月19日

岡田麻理議員（無所属渋谷）が、「(仮称）渋谷区多様性社会推進条例の制定にかかわる検討会」で、パートナーシップ証明書の発行を大きな課題として対応していくべきと発言。桑原敏武区長は、検討会で検討を進めていきたいと答弁。また、文科省による性同一性障害の子どもへの対応調査を受けて、渋谷区内でもそれらの対応、配慮を広めていく努力をすると述べる。

●平成27年（2015年）3月 定例会（第1回）3月2日

桑原敏武区長が、「渋谷区男女平等及び多様性を尊重する社会を推進する条例」の条例案提出を報告。パートナーシップ証明には法的拘束力がないものの、発行要件や手続きを明確にし、区民や事業者に積極的に協力を求めると述べる。

質疑応答の中で、栗谷順彦議員（公明党）がパートナーシップ証明書によって、当事者にどのような有形・無形の価値が生まれるのかを質問。桑原敏武区長は「住宅の入居、病院への入院、手術の際などに、証明によりパートナーとしての関係が理解され、手続きが円滑に進むこと」が有形の価値、「性的少数者への存在を可視化し、区民や事業者の意識改革の契機となる」ことと回答。

続く芦沢一明議員（民主党）は、パートナーシップ証明は結婚とまったく別のものなのか、それとも結婚に相当する関係と認めるものなのか、を質問。桑原敏武区長は、法的な効果はないが、「結婚という制度を利用できない同性カップルが一定の要件を備えた場合に、区が独自に結婚に相当する関係を認めて証明を行おうというもの」だと答える。

また、薬丸義人議員（無所属クラブ）からの「これまでの経緯を」という質問に、桑原敏武区長は、「有識者や法律家を招いての検討会を昨年七月に設置、九回にわたり真摯で熱意あふれる論議、検討を重ねて」きたと説明。

また、森富子教育長は、教育委員会もＬＧＢＴに関する教育や相談窓口のあり方に取り組むと表明。

●平成27年（２０１５年）３月　定例会（第1回）
3月3日

佐々木弘明議員（無所属渋谷）が、証明発行の際に公正証書が必要とされる理由を質問。桑原敏武区長は「二つの公正証書の信用力により二人の関係を確認する」ためと答弁した。

●平成27年（２０１５年）３月　定例会（第1回）
3月31日

総務区民委員会における原案の可決報告がされる。あわせて、下嶋倫朗総務区民委員会委員長（自由民主党）が審査時の経過を報告。区議会での採決を前に、佐藤真理議員（自由民主党）と笹本由紀子議員（無所属）は審議不足として反対を表明。一方、鈴木建邦議員（民主党）、長谷部健議員（無所属クラブ）、岡田麻理議員（無所属渋谷）は、賛成の立場から討論。討論後の採決で、条例案は賛成多数で可決された。

●平成27年（２０１５年）６月　定例会（第2回）
6月11日

長谷部健区長は、パートナーシップ証明の発行を、10月中の開始を目標に、遅くとも年内には実施する意向を表明。また田中匠身議員（シブヤ笑顔）による、発行開始までの過程を尋ねる質問には、新設された男女平等・多様性社会推進会議で審議していくと回答した。

■渋谷区議会総務区民委員会

以下3回の出席者（9人）

委員長　下嶋倫朗（自由民主党）

副委員長　広瀬誠（公明党）

委員　沢島英隆（公明党）、佐々木弘明（無所属渋谷）、伊藤毅志（無所属クラブ）、牛尾真己（日本共産党）、木村正義（自由民主党）、染谷賢治（自由民主党）、鈴木建邦（民主党）

●平成26年（2014年）6月　総務区民委員会

6月27日

伊藤委員が平成26年度渋谷区一般会計補正予算（第1号）に賛成の立場を示し、「LGBTの関係に関しては、そういう証明書類の発行も含めて、幅広く進めていただきたい」と発言。

●平成27年（2015年）3月　総務区民委員会

3月6日

斎藤茂総務課長が「渋谷区男女平等及び多様性を尊重する社会を推進する条例」について、その制定理由、内容を説明。広瀬副委員長、牛尾委員、伊藤委員、木村委員、鈴木委員、沢島委員と、桑原敏武区長、斉藤則行総務部長、斎藤総務課長との間で、条例案の規定内容や検討会の経過や活動拠点など条例案の条項について細かく質疑応答が行われる。

●平成27年（2015年）3月　総務区民委員会

3月26日

木村委員の質問に対し、斎藤総務課長が、条例の目的、趣旨に著しく反する行為を行う者に対する名称の公表と、LGBT教育への取り組み方について説明。斉藤総務部長も性的少数者の子どもたちを理解し、寄り添う教職員の育成に取り組むと回答した。また、牛尾委員の、女性センター・アイリスの運営委員会の今後のあり方を問う質問に対しては、斎藤総務課長が運営委員会を解消し、性的少数者を含め、さまざまな利用団体の意見を聞く場を別途設けると答弁。

渋谷区男女平等及び多様性を尊重する社会を推進する条例

条例は、渋谷区のウェブサイトで公開されている「渋谷区例規集」から転載した。
https://www.city.shibuya.tokyo.jp/reiki_int/reiki_honbun/g114RG00000779.html

目次

日本国憲法に定める個人の尊重及び法の下の平等の理念に基づき、性別、人種、年齢や障害の有無などにより差別されることなく、人が人として尊重され、誰もが自分の能力を活かしていきいきと生きることができる差別のない社会を実現することは、私たち区民共通の願いである。

本区では、これまで、男女平等社会の実現を目指して、男女共同参画行動計画を策定し、推進することにより、男女の人権の尊重に積極的に取り組んできた。

しかし、男女に関わる問題においては、今なお、性別による固定的な役割分担意識とそれに基づく制度や慣行が存在すること、一部の性的指向のある者及び性同一性障害者等の性的少数者に対する理解が足りないことなど、多くの課題が残されている。

日本には、他者を思いやり、尊重し、互いに助け合って生活する伝統と多様な文化を受け入れ発展してきた歴史があり、とりわけ渋谷のまちは、様々な個性を受け入れてきた寛容性の高いまちである。一方、現代のグローバル社会では、一人ひとりの違いが新たな価値の創造と活力を生むことが期待されている。このため、本区では、いかなる差別もあってはならないという人権尊重の理念と人々の多様性への理解を、区民全体で共有できるよう積極的に広めていかなければならない。

これから本区が人権尊重のまちとして発展していくためには、渋谷のまちに係る全ての人が、性別等にとらわれず一人の人間としてその個性と能力を十分に発揮し、社会的責任を分かち合い、ともにあらゆる分野に参画できる社会を実現しなければならない。

よって、ここに、区、区民及び事業者が、それぞれの責務を果たし、協働して、男女の別を超えて多様な個人を尊重し合う社会の実現を図り、もって豊かで安心して生活できる成熟した地域社会をつくることを決意し、この条例を制定する。

第一章　総則

（目的）

第一条　この条例は、男女平等と多様性を尊重する社会の推進に関して、基本理念を定め、区、区民及び事業者の責務を明らかにするとともに、区の施策の基本的事項を定めることにより、その施策を総合的かつ計画的に推進し、もって多様な個人を尊重し合う社会の実現を図ることを目的とする。

（定義）

第二条　この条例において、次の各号に掲げる用語の意義は、それぞれ当該各号に定めるところによる。

一　男女平等と多様性を尊重する社会　性別等にとらわれず、多様な個人が尊重され、全ての人がその個性と能力を発揮し、社会のあらゆる分野に参画し、責任を分かち合う社会をいう。

二　区民　区内に住所を有する者、区内の事業所又は事務所に勤務する者及び区内の学校に在学する者をいう。

三　事業者　区内において事業活動を行う法人その他の団体又は個人をいう。

四　ドメスティック・バイオレンス等　配偶者からの暴力の防止及び被害者の保護等に関する法律（平成十三年法律第三十一号）第一条第一項に規定する配偶者からの暴力及びストーカー行為等の規制等に関する法律（平成十二年法律第八十一号）第二条第二項に規定するストーカー行為をいう。

五　ハラスメント　他者に対する発言や行動等が、本人の意図に関係なく、相手や周囲の者を不快にさせ、尊厳を傷つけ、不利益を与え、又は脅威を与えることをいう。

六　性的指向　人の恋愛や性愛がどういう対象に向かうかを示す指向（異性に向かう異性愛、同性に向かう同性愛及び男女両方に向かう両性愛並びにいかなる他者も恋愛や性愛の対象としない無性愛）をいう。

七　性的少数者　同性愛者、両性愛者及び無性愛者である者並びに性同一性障害を含め性別違和がある者をいう。

八　パートナーシップ　男女の婚姻関係と異ならない程度の実質を備える戸籍上の性別が同一である二者間の社会生活関係をいう。

（男女の人権の尊重）

第三条　区は、次に掲げる事項が実現し、かつ、維持されるように、男女の人権を尊重する社会を推進する。

一　性別による差別的な取扱い、ドメスティック・バイオレンス等が根絶され、男女が個人として平等に尊重されること。

二　男女が、性別による固定的な役割分担にとらわれることなく、その個性と能力を十分に発揮し、自己の意思と責任により多様な生き方を選択できること。

三　男女が、社会の対等な構成員として、社会のあらゆる分野における活動方針の立案及び決定に参画する機会が確保されること。

四　学校教育、生涯学習その他の教育の場において、男女平等意識の形成に向けた取組が行われること。

五　男女が、相互の協力と社会の支援の下に、家庭生活、職場及び地域における活動の調和のとれた生活を営むことができること。

六　男女が、妊娠、出産等に関して互いに理解を深め、尊重し合い、ともに生涯にわたり健康な生活を営むことができること。

七　国際社会及び国内における男女平等参画に係る取組を積極的に理解し、推進すること。

（性的少数者の人権の尊重）

第四条　区は、次に掲げる事項が実現し、かつ、維持されるように、性的少数者の人権を尊重する社会を推進する。

一　性的少数者に対する社会的な偏見及び差別をなくし、性的少数者が、個人として尊重されること。

二　性的少数者が、社会的偏見及び差別意識にとらわれることなく、その個性と能力を十分に発揮し、自らの意思と責任により多様な生き方を選択できること。

三　学校教育、生涯学習その他の教育の場において、性的少数者に対する理解を深め、当事者に対する具体的な対応を行うなどの取組がされること。

四　国際社会及び国内における性的少数者に対する理解を深めるための取組を積極的に理解し、推進すること。

（区及び公共的団体等の責務）

第五条　区は、前二条に規定する理念に基づき、男女平等と多様性を尊重する社会を推進する施策を総合的かつ計画的に実施するものとする。

2　区は、男女平等と多様性を尊重する社会を推進するに当たり、区民、事業者、国及び他の地方公共団体その他関係団体と協働するものとする。

3　国、他の地方公共団体、法令により公務に従事する職員とみなされる当該職員の属する団体、その他公共的団体（以下「公共的団体等」という。）の渋谷区内における事業所及び事務所は、区と協働し、男女平等と多様性を尊重する社会を推進するものとする。

（区民の責務）

第六条　区民は、男女平等と多様性を尊重する社会について理解を深め、社会のあらゆる分野の活動において、これを実現するよう努めるものとする。
2　区民は、区が実施する男女平等と多様性を尊重する社会を推進する施策に協力するよう努めるものとする。

（事業者の責務）

第七条　事業者は、男女平等と多様性を尊重する社会について理解を深めるとともに、区が実施する男女平等と多様性を尊重する社会を推進する施策に協力するよう努めるものとする。
2　事業者は、男女平等と多様性を尊重する社会を推進するため、採用、待遇、昇進、賃金等における就業条件の整備において、この条例の趣旨を遵守しなければならない。
3　事業者は、男女の別による、又は性的少数者であることによる一切の差別を行ってはならない。
4　事業者は、全ての人が家庭生活、職場及び地域における活動の調和のとれた生活が営まれるよう、職場環境の整備、長時間労働の解消等に努めるものとする。

（禁止事項）

第八条　何人も、区が実施する男女平等と多様性を尊重する社会を推進する施策を不当に妨げる行為をしてはならない。
2　何人も、ドメスティック・バイオレンス等及びハラスメントをしてはならない。
3　区、区民及び事業者は、性別による固定的な役割分担の意識を助長し、若しくはこれを是認させる行為又は性的少数者を差別する行為をしてはならない。

第二章　男女平等と多様性を尊重する社会の推進に関する施策

（男女平等・多様性社会推進行動計画）

第九条　区は、男女平等と多様性を尊重する社会を推進する施策を総合的かつ計画的に推進するための男女平等・多様性社会推進行動計画（以下「行動計画」という。）を策定し、これを公表するものとする。
2　区は、行動計画の策定に当たっては、あらかじめ第十四条第一項に規定する渋谷区男女平等・多様性社会推進会議の意見を聴くものとする。

3　区は、毎年一回、行動計画に基づく男女平等と多様性を尊重する社会を推進する施策の実施状況を公表するものとする。

（区が行うパートナーシップ証明）

第十条　区長は、第四条に規定する理念に基づき、公序良俗に反しない限りにおいて、パートナーシップに関する証明（以下「パートナーシップ証明」という。）をすることができる。

2　区長は、前項のパートナーシップ証明を行う場合は、次の各号に掲げる事項を確認するものとする。ただし、区長が特に理由があると認めるときは、この限りでない。

一　当事者双方が、相互に相手方当事者を任意後見契約に関する法律（平成十一年法律第百五十号）第二条第三号に規定する任意後見受任者の一人とする任意後見契約に係る公正証書を作成し、かつ、登記を行っていること。

二　共同生活を営むに当たり、当事者間において、区規則で定める事項についての合意契約が公正証書により交わされていること。

3　前項に定めるもののほか、パートナーシップ証明の申請手続その他必要な事項は、区規則で定める。

第十一条　区民及び事業者は、その社会活動の中で、区が行うパートナーシップ証明を最大限配慮しなければならない。

2　区内の公共的団体等の事業所及び事務所は、業務の遂行に当たっては、区が行うパートナーシップ証明を十分に尊重し、公平かつ適切な対応をしなければならない。

（拠点施設）

第十二条　区は、男女平等と多様性を尊重する社会を推進するため、渋谷男女平等・ダイバーシティセンター条例（平成三年渋谷区条例第二十八号）第一条に規定する渋谷男女平等・ダイバーシティセンターをその拠点施設とする。

2　区は、前項に規定する施設において、第十五条に規定する相談又は苦情への対応のほか、条例の趣旨を推進する事業を行うものとする。

（顕彰）

第十三条　区は、男女平等と多様性を尊重する社会の推進について、顕著な功績を上げた個人又は事業者を顕彰することができる。

第三章　男女平等と多様性を尊重する社会の推進に関する体制

（渋谷区男女平等・多様性社会推進会議）

第十四条　男女平等と多様性を尊重する社会の推進について調査し、又は審議するため、区長の附属機関として、渋谷区男女平等・多様性社会推進会議（以下「推進会議」という。）を置く。

2　推進会議は、区長の諮問に応じ、次に掲げる事項について審議し、答申する。

一　行動計画の策定及び評価に関する事項

二　男女平等と多様性を尊重する社会を支える意識の形成に関する事項

三　男女平等と多様性を尊重する社会に係る人権の尊重及び暴力の根絶に関する事項

四　前三号に掲げるもののほか、区長が必要と認める事項

3　推進会議は、前項に定めるもののほか、男女平等と多様性を尊重する社会の推進に関し、必要があると認めた事項について区長に意見を述べることができる。

4　前二項に定めるもののほか、推進会議の構成及び運営について必要な事項は、区規則で定める。

（相談及び苦情への対応）

第十五条　区民及び事業者は、区長に対して、この条例及び区が実施する男女平等と多様性を尊重する社会を推進する施策に関して相談を行い、又は苦情の申立てを行うことができる。

2　区長は、前項の相談又は苦情の申立てがあった場合は、必要に応じて調査を行うとともに、相談者、苦情の申立人又は相談若しくは苦情の相手方、相手方事業者等（以下この条において「関係者」という。）に対して適切な助言又は指導を行い、当該相談事項又は苦情の解決を支援するものとする。

3　区長は、前項の指導を受けた関係者が当該指導に従わず、この条例の目的、趣旨に著しく反する行為を引き続き行っている場合は、推進会議の意見を聴いて、当該関係者に対して、当該行為の是正について勧告を行うことができる。

4　区長は、関係者が前項の勧告に従わないときは、関係者名その他の事項を公表することができる。

第四章　雑則

（他の区条例との関係）

第十六条　渋谷区営住宅条例（平成九年渋谷区条例第四十号）及び渋谷区区民住宅条例（平成八年渋谷区条例第二十七号）その他区条例の規定の適用に当たっては、この条例の趣旨を尊重しなければならない。

（委任）

第十七条　この条例の施行について必要な事項は、区規則で定める。

附則

（施行期日）

1　この条例は、平成二十七年四月一日から施行する。ただし、第十条及び第十一条の規定は、この条例の公布の日から起算して一年を超えない範囲内において区規則で定める日から施行する。

（渋谷区附属機関の構成員の報酬及び費用弁償に関する条例の一部改正）

2　渋谷区附属機関の構成員の報酬及び費用弁償に関する条例（昭和二十九年渋谷区条例第八号）の一部を次のように改正する。

　別表中第三十八号を第三十九号とし、第五号から第三十七号までを一号ずつ繰り下げ、第四号の次に次の一号を加える。

五　渋谷区男女平等・多様性社会推進会議

　　会長　一八〇〇〇円

　　委員　一二〇〇〇円

（渋谷女性センター・アイリス条例の一部改正）

3　渋谷女性センター・アイリス条例（平成三年渋谷区条例第二十八号）の一部を次のように改正

する。
題名を次のように改める。
渋谷男女平等・ダイバーシティセンター条例
第一条中「女性問題」を「男女又は性的少数者に関わる問題」に、「女性の地位向上及び男女共同参画推進」を「男女平等と多様性を尊重する社会（性別等にとらわれず、多様な個人が尊重される社会をいう。）の推進」に、「渋谷女性センター・アイリス」を「渋谷男女平等・ダイバーシティセンター」に改め、同条に次の1項を加える。
2　センターの通称は、「アイリス」とする。
第二条第一号中「女性問題及び男女共同参画推進」を「男女平等と多様性を尊重する社会の推進」に改め、同条第二号中「女性問題又は男女共同参画推進」を「男女平等と多様性を尊重する社会の推進」に改め、同条第三号中「女性問題」を「性別等に関わる諸問題」に改め、同号を同条第四号とし、同条第二号の次に次の一号を加える。

三　男女平等と多様性を尊重する社会の推進に関する自主的な活動等の支援
4　渋谷区文化総合センター大和田条例（平成二十二年渋谷区条例第一号）の一部を次のように改正する。
目次中「渋谷女性センター・アイリス」を「渋谷男女平等・ダイバーシティセンター」に改める。

第二条第七号を次のように改める。
七　渋谷男女平等・ダイバーシティセンター
「第七章　こもれび大和田図書館、渋谷女性センター・アイリス」を「第七章　こもれび大和田図書館、渋谷男女平等・ダイバーシティセンター」に改める。

第四十八条中「渋谷女性センター・アイリスに」を「渋谷男女平等・ダイバーシティセンターに」に、「渋谷女性センター・アイリス条例」を「渋谷男女平等・ダイバーシティセンター条例」に改める。

渋谷区男女平等及び多様性を尊重する社会を推進する条例施行規則（抜粋）

「渋谷区証明書の発行の手引き」に掲載されている「渋谷区男女平等及び多様性を尊重する社会を推進する条例施行規則」（抜粋）を転載した。

第3条　パートナーシップ証明を受けることができる者は、両当事者が次に掲げる要件を満たしている者とする。
（1）渋谷区に居住し、かつ、住民登録があること。
（2）20歳以上であること。
（3）配偶者がいないこと及び相手方当事者以外の者とのパートナーシップがないこと。
（4）近親者でないこと。

（合意契約に係る公正証書）
第4条　条例第10条第2項第2号の規定による合意契約に係る公正証書には、次に掲げる事項が明記されているものとする。
（1）両当事者が愛情と信頼に基づく真摯な関係であること。
（2）両当事者が同居し、共同生活において互いに責任を持って協力し、及びその共同生活に必要な費用を分担する義務を負うこと。

（確認に関する特例）
第5条　条例第10条第2項ただし書に規定する区長が特に理由があると認めるときは、当事者の一方又は双方が、次の各号のいずれかに該当するときとする。
（1）相手方当事者以外の者を任意後見契約に関する法律（平成11年法律第150号）第2条第3号に規定する任意後見受任者とする任意後見契約を締結し、又は締結しようとしており、かつ、相手方当事者がこれに合意しているとき。
(2) 性同一性障害者の性別の取扱いの特例に関する法律（平成15年法律第111号）第3条に規定する性別の取扱いの変更の審判を受ける前の性同一性障害者で、性別の取扱いの変更の審判を受けた後、婚姻することを当事者間で合意しているとき。
(3) 生活又は財産の形成過程であり、任意後見受任者に委託する事務の代理権の範囲を特定することが困難であるとき。
(4) 前3号に掲げるもののほか、区長が合理的な理由があると認めるとき。

2 区長は、条例第10条第2項第2号の規定による合意契約に係る公正証書に、前条各号の事項及び前項各号のうちいずれかの理由と併せて、次に掲げる事項が明記されていることを確認したときは、条例第10条第2項第1号に規定する任意後見契約に係る公正証書の作成及び登記の確認を行わないものとする。
(1) 当事者の一方の身体能力又は判断能力が低下したときは、相手方当事者は、当該人の生活、療養看護及び財産の管理に関する事務を可能な限り援助し、当該人の意思を尊重し、かつ、その心身の状態及び生活の状況に配慮すること。
(2) 当事者間で必要が生じたときは、速やかに任意後見契約に係る公正証書を作成すること。

（パートナーシップ証明の申請等）
第6条　パートナーシップ証明を受けようとする両当事者（以下「申請者」という。）は、渋谷区パートナーシップ証明書交付申請書（別記第1号様式）に次に掲げる書類を添付し、双方同時に出頭して区長に申請（以下「証明申請」という。）しなければならない。
(1) 申請者の戸籍謄本又は戸籍全部事項証明書（日本の国籍を有しない者にあっては、第3条に定める要件を満たすことを証する書類として、区長が認めるもの）
(2) 条例第10条第2項第1号に規定する任意後見契約に係る公正証書及び同項第2号の規定による合意契約に係る公正証書の正本又は謄本（前条第1項各号に該当するときを除く。）

(3) 前条第2項に規定する合意契約に係る公正証書の正本又は謄本(同条第1項各号に該当するときに限る。)

2 申請者は、区長に対し、前項第2号及び第3号に規定する正本又は謄本の原本還付申請をすることができる。

(パートナーシップ証明書の交付等)

第7条 区長は、証明申請があったときは、前条第1項各号に規定する書類を確認の上、申請者に対して、渋谷区パートナーシップ証明書(別記第2号様式。以下「証明書」という。)を交付するものとする。

2 区長は、証明申請の際に事実関係を調査する必要があると認める場合には、当該申請者に対し、質問し、又は文書等の提出を求めることができる。

3 区長は、申請者が前項に規定する調査に応じない場合には、証明書を交付しないことができる。

(証明書の再交付)

第8条 証明書の交付を受けた者が、当該証明書の紛失、毀損等の事情により証明書の再交付を希望するときは、渋谷区パートナーシップ証明書再交付申請書(別記第3号様式)に、証明書の交付を受けた者双方の戸籍謄本又は戸籍全部事項証明書(日本の国籍を有しない者にあっては、第3条に定める要件を満たすことを証する書類として、区長が認めるもの)を添付して、区長に申請することができる。

2 前項に規定する再交付申請により交付する渋谷区パートナーシップ証明書(以下次条において「再交付証明書」という。)は、別記第4号様式によるものとする。

(パートナーシップ証明の取消し等)

第9条 区長は、申請者が虚偽その他の不正な方法により証明書(再交付証明書を含む。以下同じ。)の交付を受けたことが判明したとき、又は交付を受けた証明書を不正に使用したことが判明したときは、当該証明を取り消すものとする。

2 前項の規定により証明を取り消された者は、直ちに当該証明書を区長に返還しなければならない。

（証明書の交付を受けた者の義務）

第10条 証明書の交付を受けた者は、条例の趣旨に従い当該証明書を使用しなければならない。

2 証明書の交付を受けた当事者の一方又は双方が、次の各号のいずれかに該当するときは、渋谷区パートナーシップ証明書返還届（別記第5号様式）により、区長に届け出なければならない。

(1) 渋谷区から転出したとき。ただし、当事者の一方が、転勤又は親族の疾病その他のやむを得ない事情により、一時的に渋谷区から他区市町村へ住所を異動する場合は、この限りでない。

(2) 死亡したとき。

3 パートナーシップが解消された場合には、証明書の交付を受けた当事者の一方又は双方は、渋谷区パートナーシップ解消届（別記第6号様式）により、区長に届け出なければならない。

4 前2項の規定による届出をした者は、速やかに証明書を区長に返還しなければならない。

（証明書の交付証明）

第11条 区長は、証明書の交付を受けた者から、渋谷区パートナーシップ証明書交付済証明願（別記第7号様式）により、当該証明書の交付を受けていることの証明を求められたときは、渋谷区パートナーシップ証明書交付済証明書（別記第8号様式）を交付するものとする。

男女平等と多様性を尊重する社会の推進に係る重要事項について

この「中間報告」は、2015年10月の区議会に、推進会議から報告されたものです。

【中間報告】
（平成27年10月）
渋谷区男女平等・多様性社会推進会議

はじめに

渋谷区男女平等・多様性社会推進会議は、平成27年4月20日に渋谷区長から、「男女平等・多様性社会推進行動計画の策定について」及び「男女平等と多様性を尊重する社会の推進に係る重要事項について」審議し意見を求めることについて諮問を受け、平成27年4月20日から平成27年10月16日までの間、特に重要事項の一つであるパートナーシップ証明のあり方について様々な調査検討を重ねてまいりました。

この間、法律専門家からの海外のドメスティックパートナー制度に関する意見聴取や、同性パートナーである当事者からの社会生活における様々な困難事例の聴き取り、推進会議委員が独自に実施した当事者へのアンケート調査などにより、多角的な観点からの課題の把握や論点の整理を図りながら、パートナーシップ証明の交付要件や具体的な運用などについて審議を重ね、このたび報告を取りまとめるに至りました。

この報告の趣旨に沿って、条例に掲げる人権尊重の理念に基づく多様な個人を尊重し合う社会の実現に向けて、適正なパートナーシップ証明の運用がなされることを期待します。

平成27年10月16日
渋谷区男女平等・多様性社会推進会議
会長　大川育子

1　パートナーシップ証明のあり方に関する基本的な方向性

パートナーシップ制度は、社会保険給付等の効果を付与する反面、要件が厳格となる「婚姻モデル」と、当事者双方の自主的な契約を基本として、直接的な法的効果が限定される「契約モデル」に分けられる。本条例におけるパートナーシップ証明は、婚姻とは異なる制度であり、財政上・税制上の特別の措置は発生しないことから、条例上も、契約モデルを前提としていると考えられる。

本推進会議では、契約モデルを前提とし、条例制定に際しての立法趣旨及び区議会議決に当たっての付帯決議等を念頭に置きながら、制度設計について検討を深めてきた。

契約モデルでは、当事者双方の真摯な契約に負うものであり、新たな効果の付与が限定的であることから、交付要件についても、①成人年齢に達していること、②双方が渋谷区に居住していること、③相互に同居し、お互いの生活に責任を負うことなどに関する合意契約等を公正証書で作成していることなど、合理的範囲のものにしておくことが妥当であると考える。

2　証明事項について

上記のとおり契約モデルにおいて、区が証明すべき事項は、条例に基づくパートナーシップの関係にあることを、両当事者の契約事項により確認して証明することとなる。

3　証明書を受けることができる対象者の要件について

○証明を受けることができる対象者の要件については、両当事者が次の要件を満たしていることが適当であると考える。

・渋谷区内において居住し、かつ、住民登録を行っていること。
・20歳以上であること。
・配偶者がいないこと又は相手方当事者以外の者とのパートナーシップがないこと。
・近親者でないこと。

○同居要件については、同性パートナーとの住居の賃貸が困難との事例が挙げられており、そうした社会的困難への対応の一つとしてパートナーシップ証明を行うことを踏まえると、申請時点で同居要件を設定しないことが適当であると考える。

○婚姻を禁止されている近親者間のうち、養子縁組を解消した者については、養子縁組前の関係に基づき、要件を取り扱うことが適当である。また、本制度が婚姻とは異なる制度であることに鑑み、これ以外の近親者間の取扱いについても、今後、判例や社会通念等の動向を踏まえて、必要に応じて検討していくことが適切であると考える。

4 合意契約に係る公正証書について

共同生活を営むに当たり、当事者間における合意契約において、区規則で定める事項としては、証明の効果等を踏まえ、当事者間が真摯な関係にあることや、同居・協力・扶助の義務といった基本的なものとすべきであり、次の①及び②の事項を趣旨とした内容とすることが適当であると考える。また、これ以外に当事者間で必要な事項がある場合には、自由に明記していくという取扱いが望ましい。

なお、下記②のうち、「必要な費用を分担する義務」とは、相手方の生活を自らの生活の一部として保障する義務を負い、分担の割合は当事者間のそれぞれの事情に応じたものとなる。

①両当事者が愛情と信頼に基づく真摯な関係であること。

②両当事者が同居し、共同生活において互いに責任をもって協力し、及びその共同生活に必要な費用を分担する義務を負うこと。

5　条例第10条第2項ただし書の取扱いについて

○基本的考え方

・条例第10条第2項ただし書の取扱いについては、同条同項本文において、任意後見契約及び合意契約に係る公正証書の双方の確認を要することが条例で明記されていることの理由を前提として、公正証書作成が困難又は合理性を欠く場合について考慮する必要がある。

また、条例提案時の趣旨説明において、若いカップルなど任意後見契約の作成が困難な場合について、公正証書が二点用意できない場合でも、それに代わるもので柔軟に対応できるようただし書を規定したとしていることから、趣旨に沿った規定の整理が必要なものと考える。

・上記を前提にすると、任意後見契約については、財産管理等について、当事者以外に他に適任者がいるにもかかわらず、当事者間で、また新たに任意後見契約を求めることは合理性を欠くものであると考える。
また、条例議決時の付帯決議を念頭に置いて、性同一性障害者が性別の取扱いの変更の審判を受けた後に婚姻することを合意しているような場合には、あらためて任意後見契約を締結させて両者の関係の真摯性を確認する必要性はないものと考えられる。

さらに、これから生活基盤や財産を形成する過程にある場合、当事者間が真摯な関係であっても、将来の生活設計が明確になっているとは言えない段階で任意後見契約を締結させることは困難かつ必ずしも実益があるものとは考えられない。

・この場合において、両者が真摯な関係であることを証明する方法として、任意後見契約に係る公正証書による確認を必要としていることから、他の方法により、これが確認できる場合には、任意後見契約公正証書に代わる方法による対応も考えられる。

○具体的対応について

・証明の時点で、当事者の一方又は双方が、次に記載する事例に該当する場合であって、任意後見契約によらずに当事者のいずれか一方の身体能力又は判断能力が低下したときに他方の身上配慮義務等を負うことについて両当事者が合意し、必要が生じたときに任意後見契約に係る公正証書の作成を約している場合については、ただし書により、任意後見契約に代わる方法によりパートナーシップ証明を行うといった対応が望ましいと考える。

【ただし書の該当事例】

事例としては、次の①から③を基本とし、そのほか合理的に理由がある場合が適当と考えられる。

①相手方当事者以外の者を任意後見受任者とする任意後見契約を締結し、又は締結しようとしており、かつ、相手方当事者がこれに同意しているとき

②性別の取扱いの変更の審判を受ける前の性同一〔性〕障害者で、性別の取扱いの変更の審判を受けた後、婚姻することを当事者間で合意しているとき

③生活又は財産の形成過程であり、任意後見受任者に委託する事務の代理権の範囲を特定することが困難であるとき

④上記①から③のほか、合理的な理由があるとき

※④の合理的な理由がある場合の例としては、性同一性障害者で、従前、他方当事者と婚姻していたが、性別の取扱いの変更の審判を受けるため、これを解消しており、性別の取扱いの変更の審判を受けた後、現在も引き続き同居している場合が考えられる。

・条例第10条第2項第1号の規定は、任意後見契約の作成により、両当事者の関係の真実性を確認しようとするものである。また、任意後見契約は要式行為である。このことから、その趣旨等を踏まえ、かつ、それに代わる対応として、次の①及び②のように、任意後見契約に関する法律に規定する身上配慮義務等を趣旨とした内容や、必要が生じたときに任意後見契約公正証書を作成することについて、両当事者で合意していることを合意契約公正証書に明記させることで、証明を行うことができるものと考える。

また、上記該当事例が真実であることを担保するため、当該事由も併せて明記させることが望ましい。

①当事者のいずれか一方の身体能力又は判断能力が低下したときは、本人の生活、療養看護及び財産の管理に関する事務を可能な限り

援助し、本人の意思を尊重し、かつ、その心身の状態及び生活の状況を配慮すること。
②当事者間で必要が生じたときは速やかに、任意後見契約に係る公正証書を作成すること。

6　手続き等について

パートナーシップ証明の運用に当たっては、次の手続きが必要なものと考える。

○証明書の交付申請手続きについて

本人確認等のため両当事者は双方同時に出頭し、対象者の要件等の確認のため、次の書類を添付し、申請書により申請することが必要である。

なお、前記5の条例第10条第2項ただし書に該当する場合には、任意後見契約公正証書の添付は免除されることとなる。

・両当事者の戸籍謄本又は戸籍全部記載事項証明書
・両当事者の住民票の写し
・任意後見契約公正証書及び合意契約公正証書の謄本

※その他証明申請の際に事実関係を調査する必要があると認められる場合には、関係文書等の提出を求める。

○証明書の返還手続き

渋谷区から転出し、パートナーシップ証明の要件を満たさなくなった場合や、パートナーが死亡した場合についての手続きも必要となる。この場合、双方同時または一方当事者の出頭により、パートナーシップ証明返還の届出を行い、証明書を返還するものとする。

ただし、当事者の一方が転勤又は親族の疾病その他やむを得ない事情により、一時的に渋谷区から他区市町村へ住所を異動する場合については、証明書の返還を求めないといった配慮が必要なものと考える。

なお、証明書返還の届出をした者が、新たにパートナーシップ証明を受けることは妨げない。

○パートナーシップの解消手続き

・パートナーシップが解消されているにもかかわらず、当事者が証明書を持ち続けることは、証明権者として、管理上、望ましい状態とは言い難い。このため、パートナーシップが解消された場合には、証明書の返還を求めるといったことも必要だと考える。

・解消に当たっては、両当事者の合意や解消理由を求めることなく、一方的な解消を認めていくことが適当であると考える。

両当事者の合意による解消とした場合には、関係が終了していても解消手続きがなされずに、パートナーとしての実態の伴わない証明が蓄積されていくことが懸念される。また、本証明は契約モデルであることを考慮すると、両当事者の合意や解消理由を求めることなく、当事者のどちらかの一方の届出により解消できるようにすることが適当だと考えられる。

この場合であっても、証明書の交付申請の際に、あらかじめ一方からの届出でも解消を受け付けることについて両当事者から同意を得る必要はあるものと思われる。また、解消の届出を行った一方当事者は、パートナーシップを解消した旨を他方当事者へ通知するといった対応も必要だと考える。

○証明書の交付証明手続き

証明書の交付を受けた者は、例えば、事業所等からその提出を求められることも考えられるが、こうした場合に、その都度、再度の交付申請手続きを求めることは、当事者に過度の負担を求めることにもなる。このため、交付申請手続きによらずに、パートナーシップ証明書に代わるものとして、パートナーシップ証明書を交付したことを証する証明書を交付するなどの対応も必要と考える。

7　不正等への対応について

海外の事例では、パートナーシップ制度の届出の時点で、虚偽の宣誓があった場合等には、偽証罪や罰金の対象となる旨を明記していることが多い。

渋谷区のパートナーシップ証明についても、制度の濫用等に対するリスク管理の観点から、虚偽その他の不正な方法により証明書の交付を受けたことが認められるときや、交付を受けた証明書を不正に利用したことがわかったときは、証明書の返還を求めるなどの対応が必要なものと考える。

おわりに

性的少数者については、いまだ社会の理解が十分ではないため、区としても、パートナーシップ証明の普及及び定着を図り、その趣旨が広く区民や事業者、公共的団体等の事業所及び事務所に浸透するよう、理解と協力を得るための積極的な取組みを行うことが望まれます。

また、本推進会議では、これまでパートナーシップ証明に関して、様々な観点から調査検討を行ってきましたが、今後、制度の運用状況や社会通念の変化等を見ながら、必要に応じて見直しを検討していくことが求められるものと考えます。

世田谷区パートナーシップの宣誓の取扱いに関する要綱

世田谷区からの資料提供をうけて掲載した。世田谷区のウェブサイトにも掲載されています。

平成27年9月25日
27世人男女第１８４号

（趣旨）

第1条　この要綱は、世田谷区基本構想の理念に基づき、個人の尊厳を尊重し、多様性を認め合い、自分らしく暮らせる地域社会を築くことをめざし、同性カップルがその自由な意思により行うパートナーシップの宣誓の取扱いについて必要な事項を定めるものとします。

（定義）

第2条　この要綱において「同性カップル」とは、互いをその人生のパートナーとして、生活を共にしている、又は共にすることを約した性を同じくする2人の者をいいます。

2　この要綱において「パートナーシップの宣誓」とは、同性カップルであることを区長に対して宣誓することをいいます。

（パートナーシップの宣誓）

第3条　パートナーシップの宣誓は、パートナーシップの宣誓をしようとする同性カップル（次の要件を満たすものに限ります。）が区職員の面前において住所、氏名及び日付を自ら記入したパートナーシップ宣誓書（様式1。以下「宣誓書」といいます。）を、当該区職員に提出することにより行うものとします。

（1）双方が20歳以上であること。

（2）双方が区内に住所を有すること、又は一方が区内に住所を有し、かつ、他の一方が区内への転入を予定していること。

2　宣誓書の受領は、区長が指定する場所において行うものとします。

3　第1項の区職員は、パートナーシップの宣誓をしようとする同性カップルの一方又は双方が宣誓書に自ら記入することができないときは、当該同性カップルの双方の立会いの下で他の者に代書させることができます。

4　前3項の規定にかかわらず、区長は、パートナーシップの宣誓をしようとする同性カップルの共にする生活が公序良俗に反すると認めるときは、宣誓書の受領を行わないものとします。

（宣誓書の写し等の交付）

第4条　前条第1項の区職員は、パートナーシップの宣誓をした同性カップルに対し、収受印を表示した宣誓書の写しを交付するものとします。

2　前項の宣誓書の写しには、当該宣誓書に関するパートナーシップ宣誓書受領証（様式2）を添付するものとします。

（宣誓書の保存）

第5条　区長は、宣誓書を10年間保存するものとします。ただし、パートナーシップの宣誓をした同性カップルの双方が当該宣誓書の廃棄を希望するときは、これを廃棄します。

（委任）

第6条　この要綱の施行について必要な事項は、生活文化部長が別に定めます。

附　則

この要綱は、平成27年11月1日から施行します。

同性カップルを含む「パートナーシップの公的承認」に関する要望書

2015年3月5日、「世田谷ドメスティックパートナーシップ－レジストリー」が、区長や副区長、総務担当や人権担当など関係課の幹部職員へ提出した要望書です。

世田谷区長　保坂展人様

日本を除く先進諸国では、完全な権利保障の問題として同性間のパートナーシップというものが論じられており、同性を生活上のパートナーとする人々には家族を得るという根源的な人権を保障しないというのは差別的である、という捉え方が主流になっています。先進諸国に、婚姻に性別を問わない平等な法整備や、パートナーシップ法をはじめとする準婚姻法制が広がることで、今後、この流れが世界中で加速することは明白です。

つきましては、政令指定都市に次ぐ最大の自治体であり、多様な人々が暮らす世田谷区には、国や他の自治体の決定に先駆けて、同性同士で生活する者も家族として扱い、そのパートナーシップを承認して頂きたいです。

また、私たちは、さまざまな権利から保護を受けない立場に置かれてきましたが、世田谷区政において、どのような権利の回復が可能なのか、洗い出しを求めます。

次の事項について要望いたします。

平成27年3月5日
団体名　世田谷ドメスティックパートナーシップ－レジストリー
連絡先住所　世田谷区玉川1-3-25（NPO法人レインボーコミュニティcoLLabo気付）

記

1．世田谷区でも、同性同士で生活する者も家族として扱う「パートナーシップの登録認証制度」等を創設運用などをし、その存在を公に認める方策をとって頂きたい。

区単独で、婚姻に性別を問わないことは難しいと思われますが、多くの先進諸国の自治体では、同性間のパートナーシップについて協議し、国の決定に先んじて独自に同性カップルを家族として承認する制度を運用してきました。

世田谷区においても、同性間のパートナーシップを、異性間の関係と同様に尊重し、公的に承認することは可能だと考えられます。そして、その決断が多くの自治体、ひいては国政に影響を及ぼすことは想像に難くありません。

隣の渋谷区では同性カップルを「結婚に相当する関係」と認め、証明書を発行する条例案を区議会に提出する運びになりました。世田谷区行政でも、同性同士も家族として扱う「パートナーシップの公的承認」について、どのような形ならば運営可能か協議し、実行して頂きたいです。

2．区が、婚姻や事実婚などの関係にある異性カップルを「家族」という単位として行っている各種サービスや事務にはどのようなものがあるのか、具体的に洗い出してほしい。また、そのうちのどれが同性カップルにも拡大可能か提示してほしい。

世田谷区の基本計画には「女性や子ども、高齢者、障害者、外国人、性的マイノリティなどを理由に差別されることなく、多様性を認め合い、人権への理解を深めるため、人権意識の啓発や理解の促進を推進します」とあります。

この文言を具現化する施策の前段階として、婚姻や事実婚の関係にある異性カップルに区行政が行うサービスや事務を具体的に洗い出し、同性カップルに拡大可能な事柄を示して頂きたいです。

当事者の置かれている状況

私たちは、この要望書作成のために、自分の置かれている状況を語り合ってきました。

要望にあたって、プライバシーを明かすことには抵抗があり、そのことについては何度も話し合いましたが、私たちの存在が見えないことには世の中に伝わらないという思いから、勇気を出してここに記すことになりました。

普段の暮らしで、区の職員の方々の身近に私たち性的少数者と呼ばれる者の存在、特に同性愛者の存在が見えてこないと言われていますが、それは、自分が自分であることを明かすことに今なおリスクのある社会だからなのです。

ここに、私たちが異性カップルと同じように信頼の元に暮らしていること。しかし、生活に不便な点、生きづらさを感じていること。公的な「パートナーシップ承認」について期待していることなどを、個人の体験から書き起こしました。

この声の延長上に、声をあげられない状況にある人々もまだまだ沢山いる、ということも踏まえて、真摯に受け止めて頂きたいです。

みなさんにおうかがいしたい。

私たちは劣る人間なのでしょうか

なぜ笑いや、嘲笑の対象となるのでしょうか

なぜ人前で好きな人と手を握ることができないのでしょうか

なぜ自分に正直に生きることができないのでしょうか

ゲイやレズビアンという生き方を、自分で選んだわけではありません

自分の恋の対象を変えられるものなら変えたかったです

変えて楽に生きたい、何度もそう思いました

世田谷区の同性パートナーの承認でたくさんの人達が救われます。

「胸を張って生きていけばいいんですよ」

社会がそう言ってくれているように聞こえるからです

私たちはゲイです。

私たちはレズビアンです。

私たちは性的少数者です。

そして、皆さんと同じ人間です。

（50代男性）

A．
2011年から玉川でレズビアンとセクシュアルマイノリティ女性に向けた活動をしているNPO法人です。

活動の一環における相談やピアサポートには、家庭で、学校で、地域で、職場で、自らのセクシュアリティを開示できず、困難を強いられているという声が届きます。

同性パートナーと暮らしていても「家族」と見なされないことへの不安は大きく、生活に不可欠な住まい（パートナーと家を借りる、共有名義でローンを組む等）や、生命に関わる場面（病気や死亡時、相続時）で、はじかれてしまう現実があります。

日常レベルでも、たとえばパートナー同士で利用できる保険サービスがなかったり、世帯や扶養としてカウントされないことで、税金の負担が多いなど、切実なニーズがあります。

同性愛者はこの世田谷区民として、あらゆる世代に存在しています。世田谷で安心して暮らすために、行政が存在を認めてくださることが、私たちにとってはかり知れない意味を持つのです。ご賢察のほど、よろしくお願いいたします。

（NPO法人レインボーコミュニティcoLLabo）

B．
二人で最初にアパートを借りようとした時に不動産屋から男同士には貸さないけど、そんなに言うなら管理費を倍支払えば大家に掛け合ってやると言われ、仕方なく6年間、毎月、倍（3000円×2）支払ったこと。おかしいことをおかしいと言えず、悔しい思いをしたことがあります。また、警察が巡回連絡カードというものを提出するように家に来た時に真面目に書いて出したら、男同士暮らしてるの？宗教とかしてるの？しつこく聞いてきて、この時も嫌な思いをしました。

好きな人と一緒に暮らせてうれしいはずなのに常に人の目を気にして、ビクビクしてると言っても過言ではない状況。小さい時から同性愛は異常であると思い込まされてきたがゆえになせる感情なのだろうと思います。これからの若い人たちには、こんな感情を抱かせたくないというのが切なる自分の思いです。尊厳を取り戻したいというと抽象的な表現ですが、それがまさに自分にはピッタリきます。行政が同性愛者の存在を認めることが尊厳回復の第一歩なんだろうと思います。

（40代男性・50代男性のカップル　同居23年）

C.

私たちは付き合って21年目のフランス人と日本人のカップルです。

17年目の2011年にフランス大使館にてPACS（民事結婚）を結び、2014年にパリにて同性結婚をしてきました。いずれも日本国内では全く効力が無いことは承知ですが、37年間交際してきた同性カップルの友人が以前病院で面会拒絶の経験をしたことからアドバイスを受け、少しでも我々の関係を書類で証明したいと思っての行動でした。ただ「参考程度」になるのではなく、きちんと法的に守られる様になれば、どれほど安心して生活できるかと、法改正を強く懇願しております。その一歩として、今回の要望をさせて頂きたいと思います。

（日本人男性・フランス人男性のカップル　同居21年）

D.

パートナーとは13年の付き合いで、一緒に住んで5年になります。

部屋探しの際同性同士だと、将来片方が異性と結婚して出て行ってしまい、そうしたら住み続けられないのではないかと、快く思われず、断られる事があります。同性同士でも家族である以上、異性間と同じ条件で入居の手続きが進められたらと思います。

病院（心療内科）の診察では、旦那さんも来てるなら一緒に中で聞いていいと言われたのでパートナーの同席を望みました。しかし、直後、パートナーは女性だと最初に伝えてあったことをカルテを見直して確認した先生が一変して、家族じゃないからという理由で同席を拒否されました。また、婦人科の医者にパートナーは同性と伝えているのに当たり前のように子供を産めばいいのにと異性愛前提で言われたことも何回かあります。配慮のない対応に心が痛みました。同性間でも家族だと思って生活しています。社会的にウソをつかなくてはいけない生き方ではなく、誰もが安心して暮らせるように切に願っています。

（30代女性同士のカップル　交際13年）

E.

戸籍上女性ですが、性自認は中性のボーイッシュで、耳が聞こえません。耳が聞こえる彼女と一緒に世田谷区に暮らして16年目になります。7年前左膝を骨折して入院した際、2人はどういう関係ですか?とたずねられ、最初は「友達として一緒に暮らしてます」とごまかさざるを得ませんでした。また、最近も、会社を独立するための手続きをしようと彼女が私の住民票と印鑑証明を取りに伺ったのですが、他人同様に委任状の提出を求められ傷つきました。こうした時、スムーズに手続きできたらいいなあと思います。パートナーシップ認証のご検討をよろしくお願いいたします。

（40代トランスジェンダー中性・40代女性のカップル　同居16年）

F.

以前、当時交際していたパートナーが倒れて入院し、病室にすんなり入れずとても悲しい思いをしたことがありました。何かを察知した看護師の方が「本当はダメなんですけど」と断りを入れて病室に入れてくれて最終的には事なきを得ましたが、結婚している男女であればこんな思いをすることはなかったのだろうと思うと、やるせない気持ちです。もし、このパートナーが意識不明の状態ですぐに手術が必要だったとしても、私は同意のサインをすることもできず、肉親の方が来るまで待たなければならないのです。いざという時家族として扱ってもらえないこと、これが将来の一番大きな不安です。

部屋を借りる時に同性同士だとなかなか、借りられなくて困ったこともあります。女性同士のパートナーだと明言するとどんな反応が来るかわからないので、ルームシェアと伝えて探すのですが、そもそもそれは真実ではないという違和感がある上に、女性同士だとどちらか片方が結婚したらどうするのかなど質問されて渋られることはままあります。また、異性のカップルであれば保証人はひとりでよいことが多いですが、ルームシェアだとそれぞれ立てる必要があることも多いです。不況でルームシェア自体が最近一般化してきつつあるので以前より借りやすくはなっていますが、本質的な部分は何も変わっておらず、気が変わればまた立場が逆転することは目に見えています。

また、自分たちの関係性を保障する制度がないということで、将来を悲観しているセクシュアルマイノリティ、同性愛者の若者も多くいます。事実、自分も将来どうしようと悩むことしかできなかった時期もあります。異性愛者の方たちが受けている制度を、同じように同性愛者にも適用して欲しいと強く感じています。

（30代女性）

G.

私たちは、異性と離婚したあと、お互い子連れで一緒に暮らすようになり、10年経ちました。子どもが居るために学校等地域の活動が多いのですが、子どもがいじめなどに合わないように、周囲には「親戚」と言っています。同性愛者を見たことがないと思っている方も多いと思いますが、本当はこのように身近なところに存在しているのです。そして、「家族について」という根源的な部分で嘘をついたり、隠し事をしたりすることで、日々自分の心を磨り減らしています。

公が、私たちのように同性と共に生きていく人の存在を無きものにせず「在る」ものとして扱うことで、社会全体が多様な生き方を受け入れるようになっていき、人々の生きづらさが軽減されるのではないかと思っています。

（40代女性同士のカップル　同居10年）

H．
私たちカップルは付き合って3年、世田谷区に住み始めて2年になるカップルです。

イギリスでは同性婚が認められ、私達もその法律のもと結婚をする予定です。日本でも区行政に関係性を承認してもらうことで、病院での面会やアパートの契約などで、本来不必要な嘘をつくことなく生活できるようになります。

今、外国人と同性婚をしていることで得られる権利は日本国内では無く、不平等だと思います。自分たちが住む地域では、その関係が認められるように願っています。

（日本人男性・イギリス人男性のカップル　交際3年）

I．
私は今から6年前、同性のパートナーとつきあって10年目の２００９年にカナダで結婚証明書を取得しました。

カナダは外国人同士のカップルにも結婚証明書を発行しています。その際、会社の有給を消化しました。他の社員が結婚する場合は、会社から福利厚生として特別休暇や結婚祝い金が与えられます。

私たちはカナダでは既婚者ですが日本では独身の扱いとなります。他の社員と同じように働き税金を納めていますので、平等な待遇が叶うことを願います。

（30代女性同士のカップル　交際16年）

諸外国の同性婚制度等の動向

2010年以降を中心に

この論文は国立国会図書館が発行する『調査と情報』798号（2013年8月2日）に掲載されたものを、国立国会図書館の転載許諾を得て掲載した。なお、2013年8月以降の動きについては「注記・2013以降の動き」として、補記をご提供いただいた。

●出典

「国立国会図書館　調査と情報」
——ISSUE BRIEF——NUMBER 798（2013.8.2.）

国立国会図書館調査及び立法考査局行政法務課
鳥澤　孝之（とりさわ　たかゆき）

●目次

●概要

◎同性カップルに法的保護を与える制度の主な類型として、①同性婚制度、②登録パートナーシップ制度、③法定同棲、④民事連帯契約（PACS）、⑤ドメスティック・パートナー制度などがある。
◎西欧諸国、北欧諸国、米国、中南米諸国等には同性婚制度を導入する国、州等がある一方で、東欧諸国には憲法で婚姻を異性間に限る国がある。また各国の最高裁判所等で、同性カップルの法的保護に関する判決がある。
◎我が国でも同性カップルの法的保護をめぐって憲法、民法、租税法などの観点から議論があり、また、国際連合の自由権規約委員会等から同性カップルの差別を防止するための法改正が勧告されている。

●注記・２０１３以降の動き
なお、２０１３年より後の動きとして、ルクセンブルク（２０１４年）、フィンランド（２０１４年（２０１７年施行））、アイルランド（２０１５年）、スロヴェニア（２０１５年）で同性婚が認められたほか、エストニア（２０１４年）、マルタ（２０１４年）、クロアチア（２０１４年）で登録パートナーシップに係る法制定がなされている。また、

２０１５年には、メキシコ連邦最高裁判所が同性婚を認めない州法を連邦憲法に照らし違憲とする判決を下したほか、アメリカ連邦最高裁判所も同性婚を認めない州法を合衆国憲法に照らし違憲とする判決を下している。

（２０１５年９月・国立国会図書館調査及び立法考査局行政法務課前澤貴子調査員調べ）

はじめに

諸外国では、１９８９年にデンマークが同性カップルの登録パートナーシップ制度【１】を導入して以来、同性間の法律婚制度（以下「同性婚制度」という。）や、婚姻に準じた法的地位を認めるパートナーシップ制度を導入する国がある。特にＥＵ（欧州連合）加盟国では、欧州連合基本権憲章【２】が採択された２０００年以降に増加している（表１参照）。同憲章第21条では、性的指向を含めていかなる理由による差別も禁止さ

表1　主なヨーロッパ諸国の同性婚制度等(2013年8月1日現在)

	制度の類型	制定年	適用対象	相続	社会保障	税制上の優遇措置	養子制度	関係の解消方法
オランダ	登録制【1】	1998	同性 異性	あり	あり	あり	あり	パートナー間で決定
	法律婚	2001		あり	あり	あり	あり	裁判所のみ決定
ベルギー	法定同棲	1998	同性 異性	あり	なし	なし	あり	パートナー間で決定
	法律婚	2003		あり	あり	あり	あり	異性婚と同じ
フランス	民事連帯契約(PACS)	1999	同性 異性	あり	あり	あり	なし	同意すれば即時。当事者のいずれかが解消を要求してから3か月後。
	法律婚	2013		あり	あり	あり	あり	異性婚と同じ
フィンランド	登録制	2001	同性のみ	あり	あり	あり	あり【2】	法律婚と同じ
ドイツ	登録制	2001	同性のみ	あり	あり	あり	あり【2】	法律婚と同じ
英国	登録制	2004	同性のみ	あり	あり	あり	あり【3】	法律婚と同じ
スイス	登録制	2004	同性のみ	あり	あり	あり	なし	パートナー間又は裁判で決定
スペイン	法律婚	2005	同性 異性	あり	あり	あり	あり	異性婚と同じ
ノルウェー	法律婚	2008	同性 異性	あり	あり	あり	あり	異性婚と同じ
スウェーデン	法律婚	2009	同性 異性	あり	あり	あり	あり	異性婚と同じ
オーストリア	登録制	2009	同性のみ	あり	あり	あり	なし	一方の死亡又は裁判所の判決
ポルトガル	法律婚	2010	同性のみ	あり	あり	あり	なし【4】	異性婚と同じ
アイスランド	法律婚	2010	同性 異性	あり	あり	あり	あり	異性婚と同じ
アイルランド	登録制	2010	同性のみ	あり	あり	あり	なし	裁判所の決定
デンマーク	法律婚	2012	同性 異性	あり	あり	あり	あり	異性婚と同じ

【1】「登録制」は登録パートナーシップ制度(p.208)を指す。

【2】他方のパートナーの実子との養子縁組のみを認める。

【3】北アイルランドを除く。

【4】2013年5月17日に共和国会議の本会議で、他方のパートナーの実子又は養子との養子縁組を認める改正法案を可決(施行期日は未定)。

(出典)Women and Equality Unit, CIVIL PARNERSHIP: A Framework for the legal recognition of same-sex couples, 2003.6, pp.15-16. <http://webarchive.nationalarchives.gov.uk/+/http://www.dti.gov.uk/consultations/pdf/consult-civil.pdf>などを基に筆者作成。

れると規定された【3】。2009年までの状況については拙稿「諸外国の同性パートナーシップ制度」【4】において解説した。本稿では主に2010年以降に同性婚制度等に関して動きがあったヨーロッパ諸国、米国、中南米諸国及びニュージーランドの状況について紹介し、最後に我が国の状況を概観する。

I 同性婚に関する制度の類型

同性カップルに法律上の地位を与え、相続、社会保障、税制、養子関係の形成などにおける保護を与えるための諸外国の制度の類型としては、主に①法律婚の異性パートナー（配偶者）と同様に婚姻を認める同性婚制度、②①の地位に準じる地位を認める登録パートナーシップ制度（又はシビル・ユニオン（民事的結合）制度）、③同棲関係に一定の法律上の地位を認める法定同棲、④成年2人間の共同生活に関して、財産的効果を中心にした契約に基づく届出制度である民事連帯契約、⑤お互いをパートナーとして申請したカップルに、各州、自治体等が定めた福祉や法的保護（病院訪問権、相続権、埋葬権など）が与えられる、ドメスティック・パートナー制度がある。

①は西欧諸国（オランダ、ベルギー、スペイン、ポルトガル、フランス及び英国）、北欧諸国（ノルウェー、スウェーデン及びデンマーク）、北米諸国（米国の一部の州等及びカナダ）、中南米諸国（メキシコの一部の州等、アルゼンチン及びウルグアイ）、ニュージーランドで、②は西欧諸国（オランダ、フィンランド、ドイツ、英国、スイス、オーストリア及びアイルランド）、ハンガリー、フィンランド、南アフリカなどで見られる。③はベルギーなどで、④はフランス、⑤は米国の一部の州等で見られる（表1及び表2参照）。またオーストラリアのように、同性カップルとその子どもに対して、連邦政府が実施する高齢者ケア、聴覚サービス・プログラム、子育て支援、市民権取得、職場関係制度、入国管理、医療ケア、医薬品給付制度、社会保障・家庭支援、高齢者退職年金、退役軍人年金の各分

野に関連する連邦法を改正して、異性婚又は事実上の異性カップルと同様の給付を実施する国がある【5】。

その一方で、東欧、米国の一部の州等は、憲法で婚姻を異性間に限定すると規定している。また同性愛行為を違法として刑事罰の対象にする国が多数ある。国際レズビアン・ゲイ協会（ＩＬＧＡ）は、同性愛行為を違法とする国はアジア・アフリカ諸国を中心に76か国あり、同性愛行為に対して最高刑として死刑を科する国は5か国（モーリタニア、スーダン、イラン、サウジアラビア及びイエメン）並びにナイジェリア及びソマリ

●注

※本稿は2013年7月19日までの情報を基にしている。インターネット情報の最終アクセス日も同日である。

【1】パートナーシップ」が「親密で、継続的、家族的な関係をもつ2人の関係」を指すとした場合、①法律上の結婚(法律婚)をしている男女、②法律上の結婚はしていないが、生活をともにする男女のカップル、③生活をともにする同性のカップル、の3パターンがあるとの説明がある(杉浦郁子ほか編著『パートナーシップ・生活と制度』(プロブレムQ&A)緑風出版,2007, pp.14-15)。

【2】Charter of Fundamental Rights of The European Union(2000/C 364/01). <http://www.europarl.europa.eu/charter/pdf/text_en.pdf> 翻訳として、岡久慶・山口和人訳「欧州連合基本権憲章」『外国の立法』no.211,2002.2,pp.14-20参照。

【3】なおリスボン条約発効前は、欧州連合基本権憲章は第51条第1項で尊重義務が規定されるに留まり、法的拘束力を有しない状況が続いていた。しかしリスボン条約発効後は、同憲章はEU条約及び、EUの機能に関する条約と同一の法的価値を持つことが、EU条約第6条第1項で明記された。鷲江義勝編著『リスボン条約による欧州統合の新展開ーEUの新基本条約ー』ミネルヴァ書房,2009,pp.56-58,113; 中西優美子『法学叢書 EU法』(法学叢書17)新世社,2012,p.43; 庄司克宏『新EU法 基礎篇』(岩波テキストブックス)岩波書店,2013,p.201参照。

【4】鳥澤孝之「諸外国の同性パートナーシップ制度」『レファレンス』711号,2010.4,pp.29-46.<http://dl.ndl.go.jp/view/download/digidepo_3050264_po_071102.pdf?contentNo=1>

【5】同上,pp.42-43.

【6】Lucas Paoli Itaborahy and Jingshu Zhu, *STATE-SPONSORED HOMOPHOBIA: A world survey of laws: Criminalisation, protection and recognition of same-sex love*, 8th Edition, International Lesbian Gay Bisexual Trans and Intersex Association(ILGA), 2013.5, p.22. <http://old.ilga.org/Statehomophobia/ILGA_State_Sponsored_Homophobia_2013.pdf>

【7】Lei n.°9/2010 de 31 de Maio. <http://dre.pt/pdf1sdip/2010/05/10500/0185301853.pdf>

【8】*Diário da Assembleia da República* I Série n.°91, 2013.5.18. <http://app.parlamento.pt/darpages/dardoc.aspx?doc=6148523063446f764c324679626d56304c334e706447567a4c31684a5355786c5a79394551564a4a4c305242556b6c42636e463161585a764c7a497577716f6c4d6a42545a584e7a77364e764a5449775447566e61584e735958527064 6d4576524546534c556b744d446b784c6c426b5a673d3d&nome=DAR-I-091.pdf>

【9】欧州人権条約(後掲注【20】参照)第19条に基づき、その司法機関として設立された裁判所。国際法学会編『国際関係法辞典 第2版』三省堂,2005,p.90参照。

【10】Andrei Khalip and Editing by Tom Pfeiffer, “Gay couples in Portugal win limited adoption rights,” *Reuters*, 2013.5.17. <http://www.reuters.com/article/2013/05/17/us-portugal-gayadoption-idUSBRE94G0KV20130517>

アの一部地域であると報告している【6】。

Ⅱ ヨーロッパ諸国

1 同性婚制度の国々

ポルトガルでは2010年5月17日に同性婚を認めるための民法等の改正法が公布され、同年6月5日施行された【7】。この改正法では同性婚カップルの養子縁組を認めていなかった。その後2012年7月に同性カップルの一方のパートナーの子ども（実子又は養子）との養子縁組（いわゆる連れ子養子）に限って認める改正法案が提出され、2013年5月17日に同性カップルの一方のパートナーの子ども（実子又は養子）との養子縁組（いわゆる連れ子養子）に限って認める改正法案が共和国議会の本会議で可決された【8】。この法案の審議中には、ＩＬＧＡの関係者がポルトガル政府に対して、同性婚カップルの養子縁組が制度上認められないことに関して、欧州人権裁判所【9】に提訴していた（オーストリアの同様の事案については、2参照）【10】。

アイスランドでは、2010年6月11日に同性婚を可能にするための婚姻法等の改正法が議会で全会一致で可決し、同月27日から施行された。この施行と同時に、従来からあった登録パートナーシップ法は廃止された【11】。施行の際には、同性愛者であることを公表していたヨハンナ・シグルザルドッティル（Jóhanna Sigurðardóttir）首相が、同性パートナーとの登録パートナーシップを法律婚に変更する申請をして話題になった【12】。

2012年6月7日にはデンマークで同性カップルが異性カップルと同様に婚姻することを認める婚姻法の改正や、従来からあった登録パートナーシップ法の廃止などを内容とする改正法が可決され、同月15日から施行された【13】。2013年には、フランスで同性婚を認める民法等の改正法が憲法院での違憲審査などを経て5月18日に施行され、従来からあった民事連帯契約（Pacte civil de solidarité: PACS）では認められなかった同性カップルによる共同養子縁組が可能になった【14】。この改正法はフランソワ・オランド(François Hollande)大統領の2012年大統領選挙の際の公約の柱の一つであったが、保守系野党やカトリック教会が強く反対し抗議デモが繰り広げられた【15】。2013年7月17日には、英国(イングランド及びウェールズ)で2013年婚姻(同性カップル)法【16】が成立した。ただし、法案提出に当たっては、デービッド・キャメロン(David Cameron)首相が支持を表明する一方で、与党の保守党内でも反対の声が多く、イングランド国教会等の宗教団体も反発していた【17】。

●注

【11】Lög um breytingar á hjúskapar lögum og fleiri lögum og um brottfall laga um stǒfesta samvist(ein hjúskaparlög). <http://www.althingi.is/altext/stjt/2010.065.html>

【12】「アイスランド首相、同性愛パートナーと正式に入籍」『AFPBB News』2010.6.29. <http://www.afpbb.com/article/life-culture/life/2738197/5923845>

【13】Lov om ændring af lov om ægteskabs indgåelse og opløsning, retsplejeloven og om ophævelse af l ov om registreret partnerskab. <https://www.borger.dk/Lovgivning/Hoeringsportalen/dl.aspx?hpid=3124 6>; "Denmark approves same-sex marriage and church weddings," *BBC News EUROPE*, 2012.6.7. < http://www.bbc.co.uk/news/world-europe-18363157>

【14】LOIn°2013-404 du 17 mai 2013 ouvrant le mariage aux couples de personnes de même sexe. <http://www.legifrance.gouv.fr/affichLoiPubliee.do;jsessionid=FC17A598730C623AE7F168664B4C8A81.tp djo10v_3?idDocument=JORFDOLE000026587592&type=contenu&id=2>; 服部有希 「【フランス】同性婚法の成立」『外国の立法』no.256-1,2013.7,pp.12-13. <http://dl.ndl.go.jp/view/download/digidepo_8233299_po_02560105.pdf?contentNo=1>

【15】「同性婚合法化法が成立 仏『国民二分の社会改革』」『産経新聞』2013.4.24.

【16】Marriage(Same Sex Couples)Act 2013(c.30).<http://www.legislation.gov.uk/ukpga/2013/30/pdfs/ukpga_20130030_en.pdf>

【17】「英国で同性婚認める法案が成立、来年夏にも施行」『CNN.co.jp』2013.7.18.<http://www.cnn.co.jp/world/35034812.html>

【18】BGB1.I Nr.135/2009. <http://www.ris.bka.gv.at/Dokument.wxe?Abfrage=BgblAuth&Dokumentnummer=BGBLA_2009_I_135>; 松倉耕作「登録パートナー婚に関するオーストリア新法について」『名城ロースクール・レビュー』no.24,2012.4,pp.53-84.

【19】Civil Partnership and Certain Rights and Obligations of Cohabitants Act2010. <http://www.irishstatutebook.ie/pdf/2010/en.act.2010.0024.pdf>

【20】Convention for the Protection of Human Rights and Fundamental Freedoms as amended by Protocols No.11 and No.14 (Rome, 4.XI.1950). <http://conventions.coe.int/treaty/en/Treaties/Html/005.htm>第2次大戦後の人権の国際化、冷戦下における西欧民主主義の擁護などを踏まえて、欧州評議会(Council of Europe)により作成された条約。国際法学会編 前掲注【9】,pp.90-91参照。

【21】CASE OF X AND OTHERS v. AUSTRIA−19010/07−HEJUD[2013]ECHR148(19 February 2013).

2 登録パートナーシップ制度の国々

オーストリアでは同性カップルを対象にした登録パートナー婚法が2009年12月30日に公布され、2010年1月1日に施行された【18】。同年の11月24日にはアイルランドで同性カップルを対象にするシビルパートナーシップ制度と、同性及び異性カップルの同棲の保護などを内容とする、シビルパートナーシップ及び同棲に係る権利義務法が制定され2011年1月1日に施行された【19】。いずれの法律も、同性カップルに相続、社会保障、税制上の優遇措置について配偶者としての処遇を認めるが、カップルによる養子縁組を認めない内容となっている。しかし2013年2月19日に欧州人権裁判所で、オーストリアの登録パートナー婚法第8条が同性カップルの相手方の子どもとの養子縁組を認めないことについて、未婚の異性カップルの場合と比較して欧州人権条約（人権及び基本的自由の保護のための条約）【20】第14条（差別の禁止）に反するとした判決が出された【21】。

一方、ドイツでは2001年に生活パートナーシップ法が成立し、官公庁に登録した同性カップルについて登録生活パートナーシップとして婚姻に準じた保護が認められたが、遺族年金、退職年金、相続税、所得税及び養子縁組に関して、登録生活パートナーが法律婚の配偶者と同等に処遇されないことが問題になっていた。このうち遺族年金及び退職年金については、欧州司法裁判所【22】が2008年に遺族年金について【23】、2011年に退職年金について【24】、雇用及び職業における均等待遇の一般的枠組みを設定するEU指令（2000/78/EC）第1条で規定する性的指向に基づく差別と判断した。相続税については2010年7月に連邦憲法裁判所が、個人控除額、税率、年金免除額において考慮されていないことにより、配偶者に対して登録生活パートナーが相続税の税法上で重い負担を受ける劣悪な地位にあることは、基本法第3条第1項の一般平等原則に合致しないと決定した【25】。同年12月に公布された2010年年次税法では相続税及び贈与税に関する法律第15条が改正され、同法の課税階級において登録生活パートナーと異性カップルが同等の扱いとされた【26】。

2013年になるとドイツの連邦憲法裁判所は、2月19日に、生活パートナーシップ法第9条第7項が登録生活パートナーの養子縁組の対象を他方のパートナーの実子に限定し、そのパートナーの養子との間の養子縁組を認めていないことについて【27】、基本法第3条第1項（法の前の平等）に反するとした上で、立法者（議会）に対して2014年6月30日までに生活パートナーシップ法第9条第7項が合憲となるように改正すべきなどとした判決を下した【28】。同年

●注

<http://hudoc.echr.coe.int/sites/eng/pages/search.aspx?i=001-116735>; *Zeitschrift für das Gesamte Familienrecht (FamRZ)*, vol.60 no.10, 2013.5.1, S.763-767.
【22】欧州連合条約、欧州連合運営条約などに基づいて設置された裁判所で、EU(欧州連合)の機関の一つ。各構成国(各1名)からの裁判官で構成される。中西 前掲注【3】,pp.71-72;国際法学会編 前掲注【9】,pp.86-88参照。
【23】Case C-267/06, Maruko[2008]. <http://eur-lex.europa.eu/LexUriServ/LexUriServ.do?uri=CELEX:62006J0267:EN:HTML>
【24】Case C-147/08, Römer[2011]. <http://eur-lex.europa.eu/LexUriServ/LexUriServ.do?uri=CELEX:62008CJ0147:EN:HTML>
【25】BVerfG, Beschluss des Ersten Senats vom21. Juli 2010-1BvR 611/07 und 1 BvR 2464/07. <http://www.bundesverfassungsgericht.de/entscheidungen/rs20100721_1bvr061107.html>; *Zeitschrift für das Gesamte Familienrecht (FamRZ)*, vol.57 no.18, 2010.9.15, S.1525-1531.
【26】Jahressteuergesetz 2010(JStG 2010)vom 8.12.2010(BGBl I S.1768). <http://www.bundesfinanzministerium.de/Content/DE/Gesetzestexte/Gesetze_Verordnungen/002_a.pdf?__blob=publicationFile&v=3>; 渡邉泰彦「ドイツ同性登録パートナーシップをめぐる裁判例ー退職年金と相続税についてー」『産大法学』vol.45 no.3・4, 2012.1, pp.708-686. <http://ci.nii.ac.jp/lognavi?name=nels&lang=jp&type=pdf&id=ART0009875587>
【27】生活パートナーシップ法の養子縁組制度の経緯等を解説したものとして、渡邉泰彦「ドイツ生活パートナーシップ法の概観(二・完)」『東北学院法学』no.66, 2007.11, pp.11-17参照。
【28】BVerfG, Urteil des Ersten Senats vom 19.Februar 2013-1 BvL 1/11 und 1 BvR 3247/09. <http://www.bverfg.de/entscheidungen/ls20130219_1bvl000111.html>; *Zeitschrift für das Gesamte Familienrecht(FamRZ)*, vol.60 no.7, 2013.4.1, S.521-530.
【29】BVerfG, Beschluss des Zweiten Senats vom 7.Mai 2013—2 BvR 909/06, 2 BvR 1981/06 und 2 BvR 288/07. <http://www.bundesverfassungsgericht.de/entscheidungen/rs20130507_2bvr090906.html>
【30】ストイチェヴァ・ビストラ, 直川誠蔵訳「資料 1991年ブルガリア共和国憲法(全訳)」『比較法学』vol.34 no.2, 2001.1, p.168. <http://www.waseda.jp/hiken/jp/public/review/pdf/34/02/ronbun/A04408055-00-034020159.pdf>
【31】小森田秋夫訳「ポーランド共和国憲法」阿部照哉・畑博行編著『世界の憲法集〔第四版〕』有信堂高文社,2009,p.454.
【32】The Constitution of the Republic of Latvia §110.

5月7日には、所得税法が、登録生活パートナーシップを法律婚夫婦と同等に税制上有利な（基礎控除が増えるなど）夫婦合算申告を認めないのは基本法第3条第1項に反するなどと決定した。その上で立法者に対して、生活パートナーシップの税申告について２００１年（生活パートナーシップ法が施行された年）以降に遡って、夫婦合算申告を完了させることについて所得税法を明文化する法改正を義務付けた【29】。

3 東欧及びローマ・カトリック教会

東欧においては憲法で、ブルガリア（第46条）【30】、ポーランド（第18条）【31】、ラトビア（第１１０条）【32】、リトアニア（第38条）【33】及びハンガリー（第L条）【34】といったＥＵ加盟国が、婚姻を異性間に限定している。ただし、ハンガリーのジェルジュ・コバックス（György Kovács）弁護士は、ハンガリーでは２００９年に同性カップルを対象にした登録パートナーシップ法【35】（②の類型）を制定した後の２０１１年4月に婚姻を異性間に限定する新憲法を制定しているが、登録パートナーシップ法は新憲法に抵触しないと説明している【36】。

またローマ・カトリック教会のフランシスコ法王（Pope Francis）は、２０１３年7月5日に公布した回勅『信仰の光』の中で「安定した結びつきは、何よりもまず、婚姻した男女であると考える。その結びつきは、神の愛の象徴と存在としての彼らの愛と、性の違いの素晴らしさを認識し受け入れることから生まれた。」として、異性婚の支持を表明した【37】。

Ⅲ 米国

1 連邦

連邦法では異性婚制度の保持などを目的として、１９９６年に婚姻防衛法（Defense of Marriage Act: ＤＯＭＡ）が制定された。その内容は、①連邦法では「婚姻」、「配偶者」の定義を異性間に限定する、②ある州で同性間に婚姻又は類似の

表2　米国内各州等の同性婚制度等(2013年8月1日現在)

制度の類型	制度又は容認した年	州名
①同性婚を容認する州等:13州1特別区	2004	マサチューセッツ州
	2008	コネチカット州
	2009	アイオワ州、ニューハンプシャー州、バーモント州、コロンビア特別区
	2011	ニューヨーク州
	2012	メイン州、メリーランド州、ワシントン州
	2013	カリフォルニア州、デラウェア州、ミネソタ州、ロードアイランド州
②シビル・ユニオン(民事的結合)制度がある州:4州	2006	ニュージャージー州
	2011	ハワイ州、イリノイ州
	2013	コロラド州
③ドメスティック・パートナー制度がある州等:7州1特別区	1992	コロンビア特別区
	1997	ハワイ州
	1999	カリフォルニア州【1】
	2004	メイン州
	2007	オレゴン州、ワシントン州
	2009	ネバダ州、ウィスコンシン州
④州憲法で婚姻を異性間に限定している州:29州	1998	アラスカ州
	1999	ネブラスカ州
	2001	ネバダ州
	2004	アーカンソー州、ジョージア州、ケンタッキー州、ルイジアナ州、ミシガン州、ミシシッピ州、ミズーリ州、モンタナ州、ノースダコタ州、オハイオ州、オクラホマ州、オレゴン州、ユタ州
	2005	カンザス州、テキサス州
	2006	アラバマ州、コロラド州、アイダホ州、サウスカロライナ州、サウスダコタ州、テネシー州、バージニア州、ウィスコンシン州
	2008	アリゾナ州、フロリダ州
	2012	ノースカロライナ州
⑤州法で婚姻を異性間に限定している州:6州【2】	1984	ハワイ州
	1996	イリノイ州、ペンシルベニア州
	1997	インディアナ州
	2003	ワイオミング州
	2009	ウェストバージニア州

【1】カリフォルニア州州務長官は「連邦最高裁判所判決(プロポジション8に関するもの)によって、登録ドメスティック・パ-
ナーに係るカリフォルニア州家族法の規定は無効とならず、いかなる変更もない」と説明している(California Secreta
of State, “Domestic Partners Registry,” 2013. <http://www.sos.ca.gov/dpregistry/>)。
【2】④に該当する州を除く。
(出典)National Conference of State Legislatures (NCSL), “Defining Marriage: Defense of Marriage Acts and Same-Sex
Marriage Laws,” 2013.6.26. <http://www.ncsl.org/issues-research/human-services/same-sex-marriage-overview.aspx>;
Human Rights Campaign, “STATEWIDE MARRIAGE PROHIBITIONS,” 2013.7.2.
<http://www.hrc.org/files/assets/resources/marriage_prohibitions_072013.pdf>などを基に筆者作成。

身分関係が認められるとしても、その関係を認める義務は他州にはない、とするものである。①の規定が連邦法に置かれることにより、婚姻自体は連邦法の管轄ではないものの、連邦法上に規定がある連邦の健康保険、年金、相続等の権利又は義務は、同性の配偶者に対して認められないこと、連邦機関の被用者の配偶者としての福利厚生の対象とならないこと等、配偶者が有する様々な権利や義務について、異性間の婚姻しか対象とならないという効果が生じた。また、合衆国の市民権に関する事項が連邦議会の権限であるため、同性婚を認める国からの移民や国際結婚等についても、実質上、同性婚に対する法的保護が認められず、州だけで解決できない問題を生じさせた【38】。２００９年と２０１１年には連邦議会で婚姻防衛法の廃止を目的とする法案が提出され、２０１０年以降になると連邦地方裁判所や連邦控訴裁判所で同法の違憲判決が下された【39】。

２０１３年には、バラック・オバマ（Barack Hussein Obama Jr.）大統領が1月21日の就任演説で「我々の旅は、同性愛者の兄弟姉妹たちが法の下で誰とも平等に扱われるようになるまで終わらない」などと同性カップルの権利の平等性について述べた【40】。さらに連邦最高裁判所は6月26日に、カナダの市民婚姻法【41】に基づいて２００７年に同性婚をした後にニューヨークに居住する女性が、２００９年に死亡した同性パートナーからの遺産相続について連邦法上の配偶者として認められず、連邦政府から多額の課税処分をされたことについて提訴した事案について、婚姻防衛法が合衆国憲法修正第5条（法の適正手続によらないで生命、自由又は財産を奪われないことに係る保障など）に反するとして違憲判決を下した。一方で同判決は、各州法の婚姻の定義（婚姻の対象を異性カップルのみとするのか、同性カップルも含むのか）については、各州に委ねられるとした【42】。

2 各州

米国の婚姻制度は、基本的に各州法で定められている。同性婚に関する各州制度の状況を分類すると、①同性婚制度、②シビル・ユニオン（民事的結合）制度、③ドメスティック・パートナー制度、④各州憲法で婚姻を異性間に限定する制度、⑤各州法（民法、家族法など）で婚姻を異性間に限定する制度（④に該当する場合を除く。）と、多様なものとなっている（表2参照）【43】。

同性カップルの共同養子縁組の可否も各州で異なり、また可否が法令上明確でない州がある【44】。

カリフォルニア州では2008年6月に、州最高裁判所が婚姻を異性間に限定する州家族法が州憲法に反するとして州政府に同性婚の許可

●注

<http://www.satv.tiesa.gov.lv/?lang=2&mid=8>

【33】山岡規雄訳「リトアニア共和国憲法」『外国の立法』no.238, 2008.12, p.128. <http://dl.ndl.go.jp/view/download/digidepo_1000156_po_023806.pdf?contentNo=1>

【34】小野義典「ハンガリー基本法」『憲法論叢』no.18, 2011.12, pp.176, 181. <http://ci.nii.ac.jp/lognavi?name=nels&lang=jp&type=pdf&id=ART0009928658>; 水島朝穂・佐藤史人「試練に立つ立憲主義?―2011年ハンガリー新憲法の『衝撃』(1)」『比較法学』vol.46 no.3, 2013.3, pp.65-67. <http://www.waseda.jp/hiken/jp/public/review/pdf/46/03/ronbun/A04408055-00-046030039.pdf>

【35】"2009.éviXXIX.törvény–a bejegyzett élettársi kapcsolatról, az ezzel összefüggő, valamint az élettársi viszony igazolásának megkönnyítéséhez szükséges egyes törvények módosításáról," *Magyar Közlöny*, 2009/63. szám, 2009.5.8, pp.15847-15858. <http://www.kozlonyok.hu/nkonline/MKPDF/hiteles/mk09063.pdf>; Emilia Weiss, "Neues zur Regelung der registrierten Partnerschaft in Ungarn," *Zeitschrift für das gesamte Familienrecht (FamRZ)*, vol.56 no.18, 2009.9.15, S.1566-1567.

【36】György Kovács, "Ungarns neue Verfassung—In Kraft 1.Januar 2012," *Osteuropa Recht*, vol.57 no.3, 2011.9, S.257.

【37】Encyclical Letter: *Lumen Fidei of The Supreme Pontiff Francis to The Bishops Priests and Deacons Consecrated Persons and The Lay Faithful on Faith*, 2013.7.5, pp.71-72. <http://www.vatican.va/holy_father/francesco/encyclicals/documents/papa-francesco_20130629_enciclica-lumen-fidei_en.pdf>;「『結婚は男女結ばれること』ローマ法王、同性婚反対を強調」『朝日新聞』2013.7.6.

【38】井樋三枝子「アメリカの州における同性婚法制定の動向」『外国の立法』no.250, 2011.12, p.7. <http://dl.ndl.go.jp/view/download/digidepo_3382140_po_02500002.pdf?contentNo=1>

【39】石田若菜「同性婚と異性婚における法的保護の平等―近時の婚姻防衛法(Defense of Marriage Act) 違憲判決を素材として―」『比較法雑誌』vol.46 no.3, 2012.12, pp.313-337.

【40】The White House Office of the Press Secretary, "Inaugural Address by President Barack Obama," 2013.1.21. <http://www.whitehouse.gov/the-press-office/2013/01/21/inaugural-address-president-barack-obama>; 「オバマ米大統領 就任演説全文」『読売新聞』2013.1.23.

【41】Civil Marriage Act(2005,c.33).

【42】United States v.Windsor, Executor of The Estate of Spyer, et al., No.12-307(U.S.Jun.26,2013). <http://www.supremecourt.gov/opinions/12pdf/12-307_6j37.pdf>

【43】最近の状況については、井樋三枝子「【アメリカ】デラウェア州、ロード

を命じた【45】。これに対して同性婚反対派が婚姻を異性間に限定する州憲法改正を目指して提案した州民投票（プロポジション8）を2008年11月に州政府が実施したところ、賛成多数で可決され、州憲法は改正された。その後、婚姻の許可を拒否された同性愛者が本件州憲法改正は合衆国憲法に違反するとして連邦地方裁判所に提訴した訴訟では、2012年2月7日に連邦第9巡回区控訴裁判所【46】が、2013年6月26日に連邦最高裁判所【47】が、いずれも合衆国憲法修正第14条の適正手続条項及び平等保護条項に反するとして違憲判決を下した。同月28日には、連邦第9巡回区控訴裁判所が2008年以来の同性婚の婚姻届受理停止の解除命令【48】をしたため、州政府は同性カップルからの婚姻届の受理を再開した。

IV 中南米諸国

1 メキシコ

2009年12月にメキシコ市（連邦特別区）議会は、同市の民事手続法を改正して同性カップルの婚姻及び養子縁組を認める法案を可決し、2010年3月から同性カップルからの婚姻届の受理を開始した【49】。連邦司法長官はこの改正法が家族の保護などを規定するメキシコ憲法に反するとした違憲訴訟を提起したが、国家最高司法裁判所は2010年8月に合憲判決を出した【50】。2011年11月にはキンタナロー州【51】政府が法改正を経ずに同性婚を法律婚と認め、同性カップルからの婚姻届の受理を開始した【52】。

2 アルゼンチン

2010年7月21日にクリスティーナ・フェルナンデス・デ・キルチネル（Cristina Fernández de Kirchner）大統領の左派政権の推進により、民法第172条、第188条の改正など同性婚を認める改正法が制定された【53】。国民の90％がカトリック教徒の同国では法案をめぐって議論が紛糾し、上院で長時間の審議や、教会や野党議員から法案の是非を問う国民投票の実施などの要求が行われた【54】。法改正前には、婚姻を異性間に限定する民法第172条及び第188条を憲法違反とする裁判例があった【55】。

3 ウルグアイ

2007年には同性カップルに婚姻に準じる法的地位を認めたシビル・ユニオン法が制定されていたが【56】、2013年になって養子縁組

●注

アイランド州、ミネソタ州同性婚法成立」『外国の立法』no.256-1, 2013.7, pp.4-7 . <http://dl.ndl.go.jp/view/download/digidepo_8233296_po_02560102.pdf?contentNo=1>参照。

【44】Human Rights Campaign, “PARENTING LAWS:JOINT ADOPTION,” 2013.6.4. <http://www.hrc.org/files/assets/resources/parenting_joint-adoption_062013.pdf>

【45】In re Marriage Cases(2008), 43 Cal.4th 757. <http://www.courts.ca.gov/documents/S147999.pdf>

【46】Perry v. Brown, 671 F.3d 1052(9th Cir. 2012). <http://cdn.ca9.uscourts.gov/datastore/general/2012/02/07/1016696com.pdf>; 秋葉丈志「Perry v. Brown, 671 F.3d 1052 (9th Cir. 2012)―いったん認められた同性結婚を州憲法改正により再度否定することは合理性を欠き、合衆国憲法第14修正の平等保護条項に反する」『アメリカ法』2012-2, 2013.5, pp.364-368.

【47】Hollingsworth et al. v. Perry et al, No.12-144(U.S. Jun.26, 2013). <http://www.supremecourt.gov/opinions/12pdf/12-144_8ok0.pdf>

【48】Perry v. Brown, No.10-16696(9th Cir. Jun.28, 2013) <http://cdn.ca9.uscourts.gov/datastore/general/2013/06/28/Document%2844%29.pdf>

【49】“Decreto por el que se reforman diversas disposiciones del Código Civil para el Distrito Federal y del Código de Procedimientos Civiles para el Distrito Federal,” *Ciudas de México: GACETA OFICIAL DEL DISTRITO FEDERAL*, no.747, 2009.12.29, pp.525-526. <http://www.consejeria.df.gob.mx/portal_old/uploads/gacetas/4bc697685b963.pdf>; 「メキシコ市で同性婚合法化、役所前にはカップルが列」『ロイター』2010.3.5. <http://jp.reuters.com/article/oddlyEnoughNews/idJPJAPAN-14203020100305>

【50】*ACCIÓN DE INCONSTITUCIONALIDAD* 2/2010, 2012.8.16. <http://www2.scjn.gob.mx/ConsultaTematica/PaginasPub/DetallePub.aspx?AsuntoID=115026>

【51】キンタナロー州(Estado de Quintana Roo)は、メキシコ南東部ユカタン半島にある州で、東側はカリブ海に面し、南側に隣国ベリーズとの国境がある。

【52】Brisa Muñoz, “Sin hacer una reforma legal, Quintana Roo realiza sus primeras bodas gay,” *CNN México*, 2011.11.30. <http://mexico.cnn.com/nacional/2011/11/30/sin-hacer-una-reforma-legal-quintana-roo-realiza-sus-primeras-bodas-gay>

【53】“MATRIMONIO CIVIL Ley 26.618,” *Boletin Oficial de la Republica Argentina*, Año CXVIII Número 31.949, 2010.7.22, pp.1-4. <http://www.boletinoficial.gov.ar/Inicio/index.castle?s=1&fea=22/07/2010>

を含む同性婚制度を認めるための民法改正等の改正法案が議会で可決され、5月3日のホセ・アルベルト・ムヒカ・コルダノ（José Alberto Mujica Cordano）大統領による署名を経て、8月1日から施行された【57】。アルゼンチンと同様に、ウルグアイの教会も同性婚が合法化されれば結婚や家族制度に大きな打撃を受けるとして法案に反対していた【58】。

4 ブラジル

連邦最高裁判所は2011年5月5日に、同性カップルの権利に関する憲法訴訟の判決を出した。その内容は、同性カップルの婚姻の合法性をめぐって提起された、共和国検事総長による違憲直接訴訟（ある一定の場合に一定の役職にある者が、連邦最高裁判所に対して提起するもの。連邦、州を問わず、法規範又は規範的行為の違憲性を問う権限を有する。憲法第103条。）【59】と、リオデジャネイロ州知事による基本規定不履行争訟（公権力の行為の結果による憲法上の基本規定に対する侵害を回避し回復することを目的とするもの。提訴権者は違憲直接訴訟と同じ。憲法第102条補項1。）【60】に対して、婚姻を異性間に限定した民法の規定が差別の禁止を保障する憲法第3条第4項に反するなどとして、内縁関係の同性カップルに異性カップルと同様に年金、相続、養子縁組などの法的権利を認めるべきというものであった【61】。

この判決によりブラジル国内の26州のうち10以上の州、及び連邦直轄地の役所で同性カップルからの婚姻登録を受理するようになったが、未だに婚姻登録を拒否する州があった。このような状況を背景に、国家司法審議会【62】の委員長で連邦最高裁判所長官でもあるジョアキン・バルボザ（Joaquim Barbosa）の提案によって同性婚の合法性が審議され、同審議会は2013年5月14日に同性カップルによる婚姻登録を役所は拒否すべきではないという決定をした【63】。これに対してキリスト教社会党から、同審議会による本件決定の権限の有無などを問う集団的職務執行令状の請求（憲法第5条第70号（a））が申し立てられたが、連邦最高裁判所は同月28日にこの請求を棄却した【64】。

V ニュージーランド

２００４年に婚姻ではない生活共同関係を同性及び異性のカップルに保障することを目的としたシビル・ユニオン法【65】が制定され、同性カップルの権利義務を婚姻の場合と同等とし、レズビアンカップルが出産するための生殖補助医療を制約しないとされた一方で、他人の子と共同養子縁組をすることはできないとされていた。しかし２０１３年になって同性カップルの養子縁組を可能とすることなどを含む、同性カップルの法律婚を認める２０１３年婚姻（婚

●注

【54】「アルゼンチン、同性婚を合法化 中南米初」『AFPBB News』2010.7.16. <http://www.afpbb.com/article/life-culture/life/2741195/5969324>

【55】Cecilia P. Grosman and Marisa Herrera, "Argentina—Family, Pluralism and Equality: Marriage and Sexual Orientation in Argentina Law," Bill Atkin, ed., *The International Survey of Family Law 2011 Edition*, Bristol: Jordan Publishing, 2011, pp.27-50.

【56】Ley N°18.246 UNIÓN CONCUBINARIA. <http://www.parlamento.gub.uy/leyes/AccesoTextoLey.asp?Ley=18246&Anchor=>

【57】Ley N°19.075 MATRIMONIO IGUALITARIO. <http://www0.parlamento.gub.uy/leyes/AccesoTextoLey.asp?Ley=19075>

【58】「同性婚認める法案が通過、大統領署名で成立へ ウルグアイ」『CNN.co.jp』2013.4.11. <http://www.cnn.co.jp/world/35030730.html>

【59】Ação Direta de Inconstitucionalidade (ADI) 4.277 Distrito Federal, 2011.5.5. <http://www.stf.jus.br/arquivo/cms/noticiaNoticiaStf/anexo/ADI4277MA.pdf>

【60】ARGÜIÇÃO DE DESCUMPRIMENTO DE PRECEITO FUNDAMENTAL (ADPF) 132 RIO DE JANEIRO, 2011.5.5. <http://redir.stf.jus.br/paginadorpub/paginador.jsp?docTP=AC&docID=628633>

【61】Supremo Tribunal Federal,"Notícias STF: Supremo reconhece união homoafetiva," 2011.5.5. <http://www.stf.jus.br/portal/cms/verNoticiaDetalhe.asp?idConteudo=178931>; 二宮正人「シリーズ・ブラジル投資関連法制7—ブラジル民法典について(下)」『JCAジャーナル』vol.59 no.10, 2012.10, pp.83-84. なお本件で問題になった違憲審査手続を解説したものとして、佐藤美由紀『ブラジルにおける違憲審査制の展開』東京大学出版会,2006,pp.183-228,238-242参照。

【62】国家司法審議会は2004年の憲法改正45号によって、司法行政と司法財政における監督機関として創設された司法権の組織の一つである(憲法第92条第1-A号)。同審議会の組織、権限等を紹介したものとして、佐藤美由紀「2007年以降のブラジルの違憲審査制」『杏林社会科学研究』vol.26 no.2・3, 2010.11, pp.119-122参照。

【63】Resolução n°175, 2013.5.14. <http://www.cnj.jus.br/images/resol_gp_175_2013.pdf>; Marilia Brocchetto, "Brazilian judicial council orders notaries to recognize same-sex marriage," *CNN*, 2013.5.15. <http://edition.cnn.com/2013/05/15/world/americas/brazil-same-sex-marriage/index.html?eref=edition>;「同性婚合法化を可決 15カ国目の同性婚認可」『サンパウロ新聞』2013.5.16. <http://www.saopauloshimbun.com/index.php/conteudo/show/id/13290/cat/1>

【64】MEDIDA CAUTELAR EM MANDADO DE SEGURANÇA 32.077 DISTRITO FEDERAL, 2013.5.28. <http://www.stf.

姻の定義）改正法【66】が4月19日に国王裁可を得て制定され、8月19日から施行されることになった【67】。

おわりに

我が国の民法（明治29年法律第89号）では婚姻を異性間に限定する明文の規定はないが、婚姻が「社会で一般に夫婦関係と考えられているような男女の精神的・肉体的結合」であること等から「同性間の『婚姻』は…婚姻ではない」と解釈して婚姻成立の法律要件を満たさないとする見解が従来からある【68】。戸籍法（昭和22年法律第224号）では夫婦と子を単位として戸籍が編製されるなど異性間で法律婚が成立することが前提になっている。また日本国憲法第24条で「婚姻は、両性の合意のみに基いて成立」すると規定されていることなどから、憲法で保護される婚姻が異性間に限定されるのか等、同性カップルの憲法上の権利に関する議論がある【69】。

一方で、国際連合の自由権規約委員会【70】及び経済的、社会的及び文化的権利に関する委員会（社会権規約委員会）【71】は日本政府に対して、同性カップルを差別しないことを確保するための法改正を勧告している。外国の制度に基づいて同性婚をしたカップルが日本に滞在した場合、国際私法上日本でどのような法的保護を与える必要があるのか【72】、租税法上の「配偶者」に該当するのか【73】等が問題になる。

学術研究者の間では、我が国でも同性婚に関する比較法研究や裁判例研究が学会などで行われ【74】、また2013年6月26日に米国連邦最高裁判所で出された同性婚に関する違憲判決に関連して、我が国での同性婚制度等の制定に関する議論が報じられているところである【75】。

●注

jus.br/portal/processo/verProcessoPeca.
asp?id=143964315&tipoApp=.pdf>

【65】Civil Union Act 2004 No.102, Public Act.

【66】Marriage (Definition of Marriage) Amendment Act 2013 No.20, Public Act. <http://www.legislation.govt.nz/act/public/2013/0020/latest/whole.html#DLM4505003>

【67】"Marriage bill leaves a few inequalities to sort out," *The New Zealand Herald*, 2013.4.20. <http://www.nzherald.co.nz/nz/news/article.cfm?c_id=1&objectid=10878614>; 「NZ、同性婚合法化へ アジア太平洋諸国で初」『msn産経ニュース』2013.4.17. <http://sankei.jp.msn.com/world/news/130417/asi13041723010002-n1.htm>

【68】我妻栄『親族法』(法律学全集 第23)有斐閣,1961,pp.14, 18; 中川善之助『親族法 上』(現代法学全書)青林書院,1958,pp.158-159 など。

【69】横田耕一「日本国憲法からみる家族」『これからの家族』(法学セミナー増刊 総合特集シリーズ31)日本評論社,1985,p.94;角田由紀子『性の法律学』(有斐閣選書)有斐閣,1991,pp.207-212; 第161回国会参議院憲法調査会会議録第4号 平成16年11月17日 p.19(赤坂正浩発言);梶村太市・棚村政行編著『夫婦の法律相談 第2版』(新・法律相談シリーズ)有斐閣,2010,pp.64-66(棚村政行執筆);和田幹彦「iPS細胞・卵子・精子—『同性間の実子』の限界と新たな可能性—」『法學志林』vol.110 no.4, 2013.3, pp.426-371など参照。

【70】「(仮訳)自由権規約委員会第94回会期 ジュネーブ2008年10月13日－31日 規約第40条に基づき締結国より提出された報告の審査 自由権規約委員会の最終見解—日本」CCPR/JPN/CO/5, 2008.10.30, p.11. <http://www.mofa.go.jp/mofaj/gaiko/kiyaku/pdfs/jiyu_kenkai.pdf>

【71】「(仮訳)経済的、社会的及び文化的権利に関する委員会 第50会期において委員会により採択された日本の第3回定期報告に関する最終見解(2013年4月29日－5月17日)」E/C.12/JPN/CO/3,2013.5.17., p.3. <http://www.mofa.go.jp/mofaj/gaiko/kiyaku/pdfs/kenkai_130517_jp.pdf>

【72】木棚照一「国際家族法講義4—婚約,内縁,同性婚」『戸籍時報』no.690, 2012.11,pp.69-74.

【73】肥後治樹「租税法における『配偶者』について」『筑波ロー・ジャーナル』no.6, 2009.9, pp.153-187. <http://www.lawschool.tsukuba.ac.jp/pdr_kiyou/tlj-06-higo.pdf>

【74】本山敦ほか「ミニ・シンポジウム 同性婚」『比較法研究』no.74, 2012.12, pp.257-295; 谷口洋幸ほか編著『性的マイノリティ判例解説』(判例解説シリーズ)信山社,2011など参照。

【75】「同性婚容認 世界各地で 欧州9カ国、ブラジルも」『朝日新聞』2013.6.28; 「クローズアップ2013—同性婚 容認の流れ 米連邦最高裁が合憲判断」『毎日新聞』2013.6.28; 「水平垂直—米、同性婚へ道開く 賛否両論渦巻く社会」『産経新聞』2013.6.28; 「同性カップル 決意の挙式—海外 法的地位認める動き」『読売新聞』2013.7.12; 「7・21参院選—性の自由 政治に問う 性的マイノリティー政党アンケート」『東京新聞』2013.7.19など。

●増原裕子さん・東小雪さんが渋谷区に提出したパートナーシップに関する合意契約公正証書

正本

平成２７年第

パートナーシップに関する合意契約公正証書

本公証人は、当事者の嘱託により、平成２７年１０月２３日、次の法律行為に関する陳述の趣旨を録取してこの証書を作成する。

（契約の趣旨）

増原裕子（以下「甲」という。）及び東小雪（以下「乙」という。）は、互いを生涯のパートナーと認め、今後準婚姻関係に相当するパートナーシップ関係を協力して営むにつき、本日、以下の各条項に従って解決することを合意した。そして、お互いに、病めるときも、健やかなるときも、喜びのときも、悲しみのときも、富めるときも、貧しいときも、これを愛し、これを敬い、これを慰め、これを助け、互いに支えあい、その命ある限り、真心を尽くすことをここに誓う。

（相互の尊重）

第１条　甲及び乙は、パートナーシップ関係が愛情と信頼に基づく真摯な関係であることを相互に確認し、互いにこれまで培ってきた生活、習慣、職業、考え方等を尊重し、現在までに築きあげてきたそれぞれの生活

をより良いものに発展させるよう協力し合うことを

約束する。

（共同生活）

第２条　甲及び乙は、同居し、共同生活において互いに

責任をもって協力し、扶助し合い、その共同生活に必

要な費用を分担する義務を負うことを確認する。

２項　甲及び乙は、一方又は双方にとってやむを得ない

事情があるときは、一定期間別居することができる。

別居期間中の費用の分担は、互いの収入に応じて協議

の上これを定める。

（貞操義務）

第３条　甲及び乙は、互いに相手方に対する貞操義務を

遵守し、同性・異性を問わず不貞行為又は不貞行為に

相当するような行為をしないことを約束する。

２項　前項に違反した場合、不貞行為当事者は、相手方

からの慰謝料請求に応じなければならない。

３項　慰謝料の額は、浮気・不倫時の慰謝料算定方法に

準ずるものとする。

（家事の分担）

第４条　家事は、原則、甲及び乙が平等に分担しこれを

（公）（証）（人）（役）（場）

行う。ただし、それぞれそのときの仕事等の事情により分掌すら困難なときは、相互に協力し合い、補完しあうことを約束する。

（財産関係）

第５条　甲及び乙が本合意契約締結時に有する財産及びそれぞれが本合意契約締結後に得る収入並びに相続又は贈与により取得した財産は、それぞれ固有の財産とする。

２項　甲及び乙が本合意契約締結後に共同生活のうえで蓄積した財産は、甲及び乙の共有財産とする。

３項　日常に要する生活費は、それぞれの収入に応じて公平に分担する。

４項　甲又は乙が第三者から金銭の借入れをする場合又は第三者の保証人となる場合には、互いに事前にこれを相談し、十分な協議の上、決定する。

５項　甲又は乙が日常の家事に関して第三者と法律行為をしたときは、他方当事者は、これによって生じた債務につき、第三者に対して連帯して責任を負うことを確認する。

（療養看護に関する委任）

（公）（証）（人）（役）（場）

第6条　甲及び乙は、自身が手術や入院等を要する状態（意識不明を含む。）になったとき、予め相手方に次の権限を与える。

（1）相手方が自身の親族に優先して医師等医療関係者より連絡を受け、自身の容態につき説明を受け、療養看護を行う権限

（2）相手方が自身の親族に優先して自身の検査・手術を含む治療方針・医療行為等の一切を決定する権限

（3）入院・保険関係等の一切の諸手続を行う権限

2項　甲の治療方針等で乙の意見が甲の親族と異なった場合、乙は、甲の親族と慎重に協議の上、これを決定する。乙の治療方針等については、乙は、乙の親族より甲の決定が優先することを希望する。

（親族関係）

第7条　甲及び乙は、原則、互いの親族とは同居しない。ただし、介護等により同居の必要性が生じたときは、思いやりをもち、十分協議を重ね、決定することを約束する。

2項　前項ただし書きにより互いの親族と同居をするこ

とになったときは、費用負担や介護分担についても十分に話し合い、どちらかの負担が多くなりすぎないよう配慮する。

（子）

第８条　甲及び乙は、慎重に協議を重ねた上で、養子縁組等により子を迎え入れ、育てることができる。

２項　養子縁組又は第三者からの精子提供等いかなる手段においても子を迎え入れる場合には、事前に戸籍関係について十分に話し合い、後にこれを覆すことはしない。

３項　子どもにはたくさんの愛情を注ぎ、暴力を振るわないことを約束する。

４項　子どもの生活費・教育費・娯楽費・保険等子どもの養育費については、甲及び乙の収入に応じて公平に分担する。

５項　子どもに関して生じる様々な悩みや問題は、その都度十分に話し合い、甲及び乙が責任と誠意をもって解決に望むことを約束する。

（緊急連絡先）

第９条　甲及び乙は、互いに相手方を緊急連絡先として登録する。また、互いの親族関係等一覧表を作成し、それぞれの緊急時に速やかに連絡がとれるよう、予め備えておくよう努める。

（関係の修復）

第１０条　甲及び乙は、喧嘩等により双方の関係が悪化したと認められるときは、互いに話し合う時間を作るよう努めることを約束する。

（任意後見契約）

第１１条　甲及び乙は、双方が生活又は財産の形成過程であり、任意後見受任者に委託する事務の代理権の範囲を特定することが困難な事由があるところ、今後甲乙いずれか一方の身体能力又は判断能力が低下したときは、他方は一方の生活、療養看護及び財産の管理に関する事務を可能な限り援助し、一方の意思を尊重し、かつ、その心身の状態及び生活の状況を配慮すること並びに甲乙間で必要が生じたときは速やかに任意後見契約にかかる公正証書を作成することに合意した。

２項　甲及び乙は、前項の任意後見契約締結の前後を通じて、予め互いに相手方に次の権限を付与する。

（１）ヘルパー・主治医その他医療関係者から心身の状

態について説明を受けることにより健康状態の把
握をし、関係者と協力して療養看護に当たる権限
（２）その他事務手続や財産管理を行う権限
（遺贈）
第１２条　甲及び乙は、将来互いに相手方を受遺者とす
る遺言書を作成し、その固有の財産を遺すことを約束
する。また、保険に加入する場合、当初保険金の受取
人になることができなくても、受取人の変更等を試み、
相手方に遺すよう努める。
（死後）
第１３条　甲及び乙は、共同してお墓を購入し、一緒に
入れるところを探すよう努める。
２項　甲又は乙が亡くなったときは、生存当事者は、喪
主を務め、死後に関する事務手続その他一切の必要な
行為を行う。
３項　甲及び乙は、自身亡き後、相手方（生存当事者）
が再度別のパートナーとパートナーシップ契約を締
結することを許容する。
（パートナーシップの解消）
第１４条　甲又は乙は、相手方が次に掲げる事由に該当

（公）（証）（人）（役）（場）

することにより相手方をパートナーと認めることが
できなくなったときは、相手方に対し、パートナーシ
ップの解消を書面又は電磁的記録により請求するこ
とができる。
（1）貞操義務に違反し、パートナーシップ関係を破
綻に至らしめたとき。
（2）生活態度その他で改めるべきものがあり、改善
を要求したにもかかわらず、3ヵ月を経過しても
その努力が見られないとき。
（3）その他本証書記載の合意事項に違反し、パート
ナーシップ関係を継続しがたい事由があるとき。
2項　パートナーシップ関係の解消に際し子どもがいる
場合には、子どもの利益を最優先に考え、パートナー
シップ関係解消後の子どもの親権者や生活について、
十分に協議の上、これを定める。
3項　パートナーシップ関係の解消に際し甲乙間で共有
の財産があるときは、平等に分割する。家具等の分割
できない財産は、話合いにより決定する。話合いによ
り決定しない場合には、くじ引き等の方法により決定
し、互いに禍根を残さない。

（公）（証）（人）（役）（場）

４項　その他慰謝料及び養育費等は、甲及び乙協議の上、
決定する。
５項　パートナーシップ関係を解消するに至った場合、
当事者の一方又は双方は、速やかに渋谷区にパートナ
ーシップ解消届を提出し、パートナーシップ証明書を
返却することを約束する。
（秘密保持）
第１５条　甲及び乙は、パートナーシップ関係を原因と
して知り得た相手方に関する秘密を、第三者に開示又
は漏洩しないものとする。
２項　甲又は乙が相手方の秘密情報を故意又は重大な過
失により漏洩し、これにより相手方に損害が生じた場
合には、加害当事者は、相手方に対し、損害を賠償し、
その他関係の修復に必要な一切の義務を負う。
（協議）
第１６条　本証書に定めのない事項及び本合意契約の解
釈に疑義があったときは、甲及び乙は、互いに誠意を
もって話し合い、解決することを約束する。
２項　本証書の内容を改定するには、双方の合意により
公正証書をもって行う。

(公)(証)(人)(役)(場)

1 以　上

2 本旨外要件

3 東京都渋谷区

4

5 会社経営

6 甲　増　原　裕　子

7 昭和52年12月27日生

8 甲については、運転免許証により人違いでないことを

9 証明させた。

10 東京都渋谷区

11

12 会社経営

13 乙　東　小　雪

14 昭和60年2月1日生

15 乙については、運転免許証により人違いでないことを

16 証明させた。

17 上記各事項を列席者に閲覧させたところ各自これを

18 承認し次に署名押印する。

19 増　原　裕　子

20 東　小　雪

(公)(証)(人)(役)(場)

（公）（証）（人）（役）（場）

この証書は平成２７年１０月２３日本公証人役場において法定の方式に従って作成し次に署名押印する。

東京都中野区中野五丁目６５番３号

東京法務局所属

公証人

この正本は、嘱託人（甲）増原裕子の請求により、平成２７年１０月２３日本公証人役場において原本に基づき作成した。

東京都中野区中野五丁目６５番３号

東京法務局所属

公証人

（公）（証）（人）（役）（場）

渋谷区パートナーシップ証明書

11/5〜
交付

渋谷区では、「渋谷区男女平等及び多様性を尊重する社会を推進する条例」（以下「条例」と言います。）を制定し、基本理念として、「男女の人権の尊重」と「性的少数者の人権の尊重」を掲げています。

区ではこれまでも男女の人権の尊重に取り組んできましたが、今なお、性別による固定的な役割分担意識などが存在すること、性的少数者については、いまだ社会の理解が十分でなく、自分で選ぶことのできない性的指向や性自認等のために、社会生活において様々な困難に直面していること等、多くの課題が残されています。

このため、いかなる差別もあってはならないという人権尊重の理念と人々の多様性への理解を、区民全体で共有できるよう積極的に広めて、渋谷のまちに関わる全ての人が、性別等にとらわれず一人の人間としてその個性と能力を十分に発揮し、社会的責任を分かち合い、ともにあらゆる分野に参画できる社会の実現を目指していきます。

パートナーシップ証明書（以下「証明書」と言います。）は、こうした理念のもと、渋谷区が条例に基づき交付するものです。

パートナーシップ証明書とは

法律上の婚姻とは異なるものとして、条例において、男女の婚姻関係と異ならない程度の実質を備える戸籍上の性別が同一である二者間の社会生活関係を「パートナーシップ」と定義し、二人がパートナーシップの関係にあることを確認して証明するものです。

対象者の要件

二人が次の要件を満たしていることが必要です。

- 渋谷区に居住し、かつ、住民登録を行っていること。
- ２０歳以上であること。
- 配偶者がいないこと及び相手方当事者以外の者とのパートナーシップがないこと。
- 近親者でないこと。

証明に当たっての確認事項

1　任意後見契約に係る公正証書

二人が、相互に相手方を任意後見受任者とする任意後見契約に係る公正証書を作成し、登記していることを確認します。

※任意後見契約とは
「任意後見契約に関する法律」に基づき、本人の判断能力が不十分となったときの自分の生活、療養看護および財産の管理に関する事務について、任意後見受任者（任意後見契約の効力が生じた後は「任意後見人」と呼ばれます。）に代理権を付与する委任契約（任意後見契約）をあらかじめ締結しておき、本人の判断能力が不十分となった場合に、任意後見人が契約に基づいて本人の生活を守ることを目的としたものです。

2　合意契約に係る公正証書

二人が共同生活を営むに当たり、当事者間において、次の事項が明記された公正証書を作成していることを確認します。

- 二人が愛情と信頼に基づく真摯な関係であること。
- 二人が同居し、共同生活において互いに責任を持って協力し、及びその共同生活に必要な費用を分担する義務を負うこと。

※当事者間で、上記以外に必要な事項があれば、それを明記することは自由

パートナーシップ証明を行う場合の確認に関する特例

○　パートナーシップ証明の確認に当たっては、二つの公正証書による確認を原則としていますが、条例制定の趣旨に従って条例第10条第2項ただし書に基づき、次のとおり特例を設けています。

○　二人のうち一方又は双方が①～④のいずれかに該当するときは、ア及びイの内容を「合意契約に係る公正証書」に明記することで、「任意後見契約に係る公正証書」による確認に代えて証明を行うことができるものとしています。

①　相手方以外の者と任意後見契約を締結し、又は締結しようとしており、かつ、相手方がこれに合意しているとき。
②　性別の取扱いの変更の審判を受ける前の性同一性障害者で、審判を受けた後、婚姻することを当事者間で合意しているとき。
③　生活又は財産の形成過程であり、任意後見受任者に委託する事務の代理権の範囲を特定することが困難であるとき。
④　その他区長が合理的理由があると認めるとき。

ア　当事者の一方の身体能力又は判断能力が低下したときは、相手方当事者は、当該人の生活、療養看護及び財産の管理に関する事務を可能な限り援助し、当該人の意思を尊重し、かつ、その心身の状態及び生活の状況を配慮すること。
イ　当事者間で必要が生じたときは速やかに、任意後見契約に係る公正証書を作成すること。

証明書の交付を受けた者の義務等

- 条例の趣旨に従って証明書を使用しなければなりません。
- 当時者の一方又は双方が、渋谷区から転出したとき(当事者の一方が、転勤又は親族の疾病等のやむを得ない事情により、一時的に渋谷区外へ住所を異動する場合を除きます。)などは、証明書の返還の届出を行い、証明書を返還することとしています。
- パートナーシップが解消された場合には、当事者の一方又は双方は、パートナーシップ解消の届出を行い、証明書を返還することとしています。
- 区長は、証明書を不正に利用したことがわかったときは、当該証明を取り消し、証明書を返還しなければならないとしています。

事前相談窓口

渋谷男女平等・ダイバーシティセンター<アイリス>
住所：桜丘町23-21
（渋谷区文化総合センター大和田8階）
休館日(月曜・第3日曜・祝日の翌日・年末年始)を除く、午前9時～午後5時
☎ 3464-3395

発行受付・証明書交付窓口

渋谷区役所 仮庁舎第一庁舎東棟1階 住民戸籍課
住所：渋谷1－18－21
月～金曜日（祝日、年末年始を除く）
午前8時30分～午後5時
※手続きは、申請者のプライバシーに配慮して個室スペースで対応
10月28日（水）から受付開始

渋谷区パートナーシップ証明発行の手引き

証明書の発行受付：平成２７年１０月２８日（水）から
証明書の発行開始：平成２７年１１月５日（木）から
発行受付・証明書の交付場所：
　　渋谷区役所住民戸籍課窓口
　（渋谷区渋谷１－１８－２１　区役所仮庁舎第一庁舎東棟１階）
　※新庁舎建設に伴い、仮庁舎で業務を開始しています。
　月～金曜日（祝日、年末年始を除く）　午前８時３０分～午後５時

渋谷区のパートナーシップ証明とは

渋谷区では、平成２７年４月１日から施行された「渋谷区男女平等及び多様性を尊重する社会を推進する条例」により、性的少数者に対する社会的な偏見及び差別をなくし、性的少数者が個人として尊重されること等の「性的少数者の人権を尊重する社会」を推進しています。

パートナーシップ証明は、上記の理念に基づき、法律上の婚姻とは異なるものとして、男女の婚姻関係と異ならない程度の実質を備える戸籍上の性別が同一である二者間の社会生活関係を「パートナーシップ」と定義し、区長が一定の条件を満たしたものについて、パートナーの関係であることを証明し、パートナーシップ証明書を発行するものです。

☆　パートナーシップ証明についての問合せ　☆
渋谷男女平等・ダイバーシティセンター<アイリス>
電　話　０３－３４６４－３３９５
ＦＡＸ　０３－３４６４－３３９８

※問合せは火～土　午前９時～午後５時にお願いします。
（祝日、年末年始を除く）

1

目　次

1　パートナーシップ証明書発行までの流れ

申　請

区役所住民戸籍課窓口（区役所仮庁舎第一庁舎東棟１階）で受け付けます。

月～金曜日（祝日、年末年始を除く）　午前８時３０分～午後５時

- 申請される方本人が、お２人でお越しください。本人以外の方の申請、おひとりだけでの申請は受付けません。
  また、郵送等での申請は受付けていません。
- 申請の際に提出いただく書類については、７ページをご覧ください。
- 申請を受付けたときに「受付票兼証明書交付引換証」をお渡しします。
- 窓口でパートナーシップ証明書の申請であることを伝えていただいたのち、別室にご案内します。

↓

内容確認（審査）

区長は、申請の際に提出された書類について、パートナーシップ証明書を交付する要件を備えているかどうかの確認（審査）をします。

- 確認（審査）終了までに３日間程度かかります（書類に不備がある場合等を除きます）。
- 申請を受付けた後でも、事実関係を調査する必要があると認められる場合には、質問をしたり、文書等の提示を求めたりする場合があります。

↓

証明書の発行

申請を受付けたときにお渡しした「受付票兼証明書交付引換証」に受取り可能な日が記載されています。その日以降に住民戸籍課窓口にお越しのうえ、証明書を受け取ってください。

- 証明手数料として、３００円の手数料がかかります。
- 証明書は１通のみの発行となります。紛失、き損等の事情がある場合を除き、再発行できませんので、大切に保管してください。

3

2　パートナーシップ証明を申請できる人

双方が次のすべてに該当することが必要です。

- **渋谷区に居住し、かつ、住民登録があること。**
（※申請時において２人の住所は別でもかまいませんが、双方が渋谷区に居住し、住民登録をしていることが必要です。）

- **２０歳以上であること。**

- **配偶者がいないこと及び相手方当事者以外のパートナーがいないこと。**

- **近親者でないこと。**

Q&A

Q　*男女間には、パートナーシップ証明は発行されますか？*

A　渋谷区のパートナーシップ証明は、戸籍上の性別が同一である二者間の社会生活が男女の婚姻関係と異ならない程度の実質を備えていると区長が認めた場合に、証明書を発行するものです。従って男女間のパートナーシップ証明はできません。

Q　*近親者とは、どの範囲のことをいいますか？*

A　ここでいう近親者とは、民法第７３４条から第７３６条までの規定により婚姻をすることができない者の間をいいます。

具体的には、

- 近親者間
直系血族又は３親等内の傍系血族間。ただし、養子と養方の傍系血族との間を除きます。
- 直系姻族間
- 養親子等の間
ただし、養子と養親との間では、養親子関係が終了した場合については、パートナーシップ証明を申請できる人の対象となります。

3　パートナーシップの証明方法

区長は、次の（1）、（2）の公正証書を確認し、パートナーシップであることを証明します。申請に当たっては、これらの公正証書の正本又は謄本をあらかじめご用意ください。

ただし、特例適用（☆下記参照）の場合は（3）の公正証書の確認となります。

（※公正証書は、法律の専門家である公証人が公証人法・民法などの法律に従って作成する公文書です。なお、公正証書作成には一定の手数料がかかります。詳しくは、公証役場にお問合せください。）

（1）当事者双方が、相互に相手方当事者を任意後見契約に関する法律第２条第３号に規定する任意後見受任者の一人とする任意後見契約に係る公正証書を作成し、かつ、登記を行っていること。

（2）共同生活を営むに当たり、当事者間において、次の事項についての合意契約が公正証書により交わされていること。
・両当事者が愛情と信頼に基づく真摯な関係であること。
・両当事者が同居し、共同生活において互いに責任を持って協力し、及びその共同生活に必要な費用を分担する義務を負うこと。

☆特例適用

次の①～④に該当する場合には、任意後見契約に係る公正証書による確認に代えて、（3）の合意契約公正証書を確認し、パートナーシップであることを証明することができるものとしています。

① 相手方当事者以外の者を任意後見受任者とする任意後見契約を締結し、又は締結しようとしており、相手方当事者がこれに合意しているとき。
② 性別の取扱いの変更の審判を受ける前の性同一性障害者で、性別の取扱いの変更の審判を受けた後、婚姻することを両当事者間で合意しているとき。
③ 生活又は財産の形成過程であり、任意後見受任者に委託する事務の代理権の範囲を特定することが困難であるとき。
④ ①～③のほか、区長が合理的な理由があると認めるとき。

5

（例：性同一性障害者で、従前、他方当事者と婚姻していたが、性別の取扱いの変更の審判を受けるため、これを解消しており、性別の取扱いの変更の審判を受けた後、現在も引続き同居しているとき）

（３）共同生活を営むに当たり、当事者間において、次の事項についての合意契約が公正証書により交わされていること。
・両当事者が愛情と信頼に基づく真摯な関係であること。
・両当事者が同居し、共同生活において互いに責任を持って協力し、及びその共同生活に必要な費用を分担する義務を負うこと。
・前ページの①～④のいずれかに該当すること。
・当事者の一方の身体能力又は判断能力が低下したときは、相手方当事者は、当該人の生活、療養看護及び財産の管理に関する事務を可能な限り援助し、当該人の意思を尊重し、かつ、その心身の状態及び生活の状況に配慮すること。
・当事者間で必要が生じたときは、速やかに任意後見契約に係る公正証書を作成すること。

Q&A

Q　*公正証書はどこで作成してもらえますか？*

A　公正証書は、全国どこの公証役場でも作成してもらえます。渋谷区のパートナーシップ証明に必要な公正証書の作成を依頼してください。なお、公正証書作成には一定の手数料がかかります。

Q　*３（２）又は（３）の「共同生活を営むに当たり当事者間における合意契約」に、区が指定した項目以外の項目が書かれていた場合、パートナーシップ証明に必要な公正証書として認められますか？*

A　３（２）又は（３）の項目は、パートナー証明をする上での必須項目となります。これ以外に当事者間で契約したい事項がある場合には、自由に明記していただいてかまいません。

4　申請に必要なもの

申請書は、受付窓口で記入していただきます。次の書類を用意して、申請される方本人が、お２人で窓口にお越しください。

①　申請者それぞれの戸籍謄本又は戸籍全部事項証明書

⇒３か月以内に発行されたものをご用意ください。なお、戸籍謄本又は戸籍全部事項証明書の取得方法については、本籍地のある区市町村にお問い合わせください。

⇒外国人の方は、配偶者がいないこと又は他の者とのパートナーシップがない旨の宣誓供述書を申請時に記入、提出していただきます。

②　公正証書の正本又は謄本（Ｐ５～６参照）

原則として、

（１）任意後見契約の公正証書

（２）合意契約公正証書

両方の正本又は謄本が必要となります。

ただし、特例適用の場合は、

（３）合意契約公正証書　の正本又は謄本が必要です。

※正本又は謄本は、原本の還付申請ができます。還付申請を希望する場合には、窓口でお申し出ください。

～本人確認を行っています～

申請及び証明書の受取りの際には申請人それぞれの本人確認を行っています。以下の書類（いずれか１点）を提示してください。

運転免許証、パスポート、写真付きの住民基本台帳カード、在留カード又は特別永住者証明書（外国人登録証明書）など

※写真付きの本人確認書類をお持ちでない場合は、健康保険証と年金手帳など、本人確認書類を複数点確認します。

なお、申請の際は、申請書裏面の「留意事項」を確認の上、申請をしていただきます。留意事項は１０ページに掲載していますので、申請前に確認してください。

5　証明書の発行

証明書の発行は、申請を受付けてから３日程度かかります。なお、受取は申請場所での受取のみとなります（郵送等は行っていません）。

受取は、申請された方のうちどちらかおひとりの来庁でかまいません。受取の際には、本人を確認できる書類（７ページ参照）を提示してください。

パートナーシップ証明書は１通のみの発行となります。証明書の紛失、き損等の事情がある場合を除き、再発行はできませんので、証明書は大切に保管してください。

6　証明手数料

３００円です。証明書受取りの際に納入してください。

7　その他

（1）パートナーシップ証明書の交付を受けた後、次の事情が発生したときは、必ず届出を行い、パートナーシップ証明書を返還してください。なお、証明書を返還した後、「パートナーシップ証明を申請できる人の要件」（４ページ参照）を満たしている場合には、新たにパートナーシップ証明を申請することができます。

・渋谷区外へ転出したとき

⇒区長に渋谷区パートナーシップ証明書返還届を提出し、証明書を返還してください。

※当事者一方のみの転出でも届出は必要となります。ただし、当事者の一方が転勤又は親族の疾病その他のやむを得ない事情により、一時的に渋谷区から他区市町村へ住所を異動する場合は、届出は必要ありません。

※渋谷区内で転居した場合は、届出は必要ありません。

・当事者が死亡したとき

⇒区長に渋谷区パートナーシップ証明書返還届を提出し、証明書を返還してください。

8

・当事者がパートナーシップを解消したとき

⇒区長にパートナーシップ解消届を提出し、証明書を返還してください。

解消届は、当事者の一方のみの届出で受付けますが、届出をした人は、相手の方に渋谷区（区長）に届を提出したことを必ず通知するようにしてください。

（2）虚偽その他の不正な方法により証明書の交付を受けたことが判明したとき、又は交付を受けた証明書を不正に使用したことが判明したときは、証明は取り消されます。証明を取り消された場合は、交付を受けたパートナーシップ証明書を返還していただきます。

（3）交付を受けたパートナーシップ証明書を紛失、き損等した場合は、証明書の再交付を申請することができます。

（4）パートナーシップ証明書の交付を受けていることを、他の機関等に証明書類として提出する必要があるときは、渋谷区パートナーシップ証明書交付済証明書（１通３００円）により証明します。

この証明書が必要な場合は、渋谷区パートナーシップ証明書交付済証明願を提出していただくことになります。

（参考）

<パートナーシップ証明申請に当たっての留意事項>

下記の事項をご留意の上、渋谷区パートナーシップ証明書交付申請書を提出してください。

1　証明書の交付を受けたときは、渋谷区男女平等及び多様性を尊重する社会を推進する条例の趣旨に従い当該証明書を使用してください。

2　虚偽その他の不正な方法により証明書の交付を受けたことが判明したとき、又は交付を受けた証明書を不正に使用したことが判明したときは、区長は、当該証明を取り消すことがあります。

3　渋谷区から転出したときは、渋谷区パートナーシップ証明書返還届を提出してください。ただし、当事者の一方が、転勤又は親族の疾病その他のやむを得ない事情により、一時的に渋谷区から他区市町村へ住所を異動する場合を除きます。

4　パートナーシップが解消された場合には、渋谷区パートナーシップ解消届を提出してください。解消届はいずれか一方のみの届出で可としますが、その場合は、相手に解消届を提出した旨を自ら通知してください。

5　上記３又は４の届出をしたときは、速やかに証明書を区長に返還してください。

＊11ページ以降は「条例」と書籍が掲載されている。
本書と重複するため掲載は割愛した
＊奥付に当たる表記は以下のとおり
渋谷区パートナーシップの手引
渋谷区男女平等・ダイバーシティセンター
平成27年10月発行
＊最終ページ表記は16ページとなっている

渋谷区
パートナーシップ証明
任意後見契約・合意契約
公正証書作成の手引き

渋谷男女平等・ダイバーシティセンター

＜アイリス＞

目　次

1　公正証書とは

公正証書とは、法務大臣から任命された国の公務に従事する公証人が、当事者からの嘱託に基づき、当事者間の法律行為その他の私法上の権利に関する事実につき作成した文書をいいます。公証人により作成される公文書となります。

私人間で作成される普通の契約書や念書等と異なり、公正証書は証明力のある点などが優れているとされています。

2　公証人の執務する公証役場

公正証書の作成は、公証役場でその所属する公証人によって行われます。

公証役場は、法務局または地方法務局に所属する公証人によって、法務大臣の指定した地に設置されています。全国には、約 300 の公証役場があり、公正証書の作成は、渋谷区内の公証役場だけではなく、どこの公証役場でも作成することができます。（15 ページの公証役場一覧を参照してください。）

3　公正証書の作成方法

公正証書は、主に、次のような手順によって作成されます。

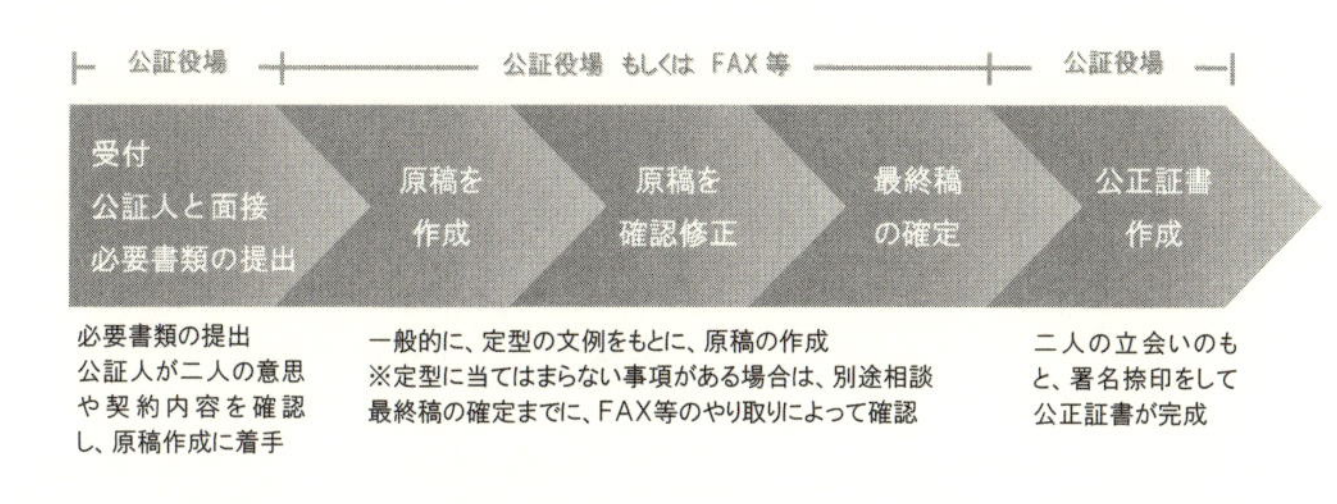

受付は二人（嘱託人双方）が揃って公証役場で行います。

その際、証書の内容にしようとする契約文書（文案）のほかに、本人確認のための必要書類を持参してください（次の①～④のいずれかが必要となります。）。

① 運転免許証と認印
② パスポートと認印
③ 住民基本台帳カード（顔写真付き）と認印
④ 印鑑登録証明書（作成後３か月以内のもの）と実印

※ 予約制をとっている公証役場もあるため、あらかじめ公証役場に確認してください。

4　渋谷区パートナーシップ証明に当たり必要となる公正証書

パートナーシップ証明に当たっては、①「任意後見契約公正証書」と、②二人が共同生活を営むに当たり、当事者間において区が定める事項が明記された「合意契約公正証書」の２つの公正証書が必要となります。

1 任意後見契約に係る公正証書

パートナーシップ証明に当たっては、二人が、相互に相手方を任意後見受任者の一人とする任意後見契約公正証書を作成・登記していることが必要となります。【右図】

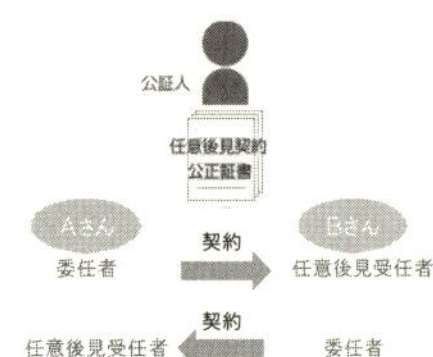

任意後見契約は、将来、本人の判断能力が不十分となったときの自分の生活、療養看護および財産の管理に関する事務について、あらかじめ、任意後見受任者（任意後見契約の効力が生じた後は「任意後見人」とよばれます。）に代理権を付与する委任契約を締結しておくことです。

これにより、将来、本人の判断能力が不十分となった場合に、任意後見人が契約に基づいて本人の生活を守るということを目的としています。

自分が元気なうちに，自分が信頼できる人を見つけて，その人との間で，もし自分の判断能力が衰えてきた場合には，自分に代わって，自分の財産を管理したり，必要な契約締結等をして下さいとお願いしてこれを引き受けてもらう契約を，任意後見契約といいます。

この契約は公正証書によることが、「任意後見契約に関する法律」で定められています。

この公正証書は、3「公正証書の作成方法」のとおり、公証役場で公証人によって作成され、二人の立会いのもと、署名捺印がされて完成します。原本は、公証役場で保管され、二人（本人と任意後見受任者）には公正証書の正本と謄本が交付されます。

登記については、公証人が登記所（法務局）に嘱託して行われますので、二人は登記の申請を行う必要はありません。

★パートナーシップ証明を行う場合の確認に関する特例（5ページ参照）

パートナーシップ証明の確認に当たっては、「任意後見契約公正証書」と「合意契約公正証書」の２つの公正証書による確認を原則としていますが、特定の事由に該当する場合については、「合意契約公正証書」のみによって証明を行うことができるものとしています。

-2-

任意後見契約　Q＆A

※日本公証人連合会ＨＰから引用

Q　任意後見契約公正証書を作成する費用は，いくらでしょうか？

A　次のとおりの費用がかかります。

※　パートナーシップ証明に当たっては、二人が、相互に相手方を任意後見受任者の一人とする任意後見契約公正証書を作成する必要があるため、この場合は、次の合計金額×２人分となります。

① 公証役場の手数料　　1万１０００円
　※　証書の枚数が４枚を超えるときは、超える１枚ごとに２５０円が加算されます。
② 法務局に納める印紙代　　２，６００円
③ 法務局への登記嘱託料　　１，４００円
④ 書留郵便料　　約５４０円
⑤ 正本謄本の作成手数料　　１枚２５０円×枚数×３通分

Q　契約の内容は，自由に決められますか？

A　任意後見契約は，契約ですから，法律の趣旨に反しない限り，具体的には，当事者双方の合意により，自由にその内容を決めることができます。

Q　任意後見人は，いつから仕事を始めるのですか？

A　任意後見契約は，本人の判断能力が衰えた場合に備えて，あらかじめ結ばれるものですから，任意後見人の仕事は，本人がそういう状態になってから，始まることになります。

具体的には，任意後見人になることを引き受けた人（「任意後見受任者」といいます。）や親族等が，本人の同意を得て，家庭裁判所に対し，本人の判断能力が衰え，任意後見事務を開始する必要が生じたので，「任意後見監督人」を選任して欲しい旨の申立てをします。そして，家庭裁判所が，任意後見人を監督すべき「任意後見監督人」を選任すると，そのときから，任意後見受任者は，「任意後見人」として，契約に定められた仕事を開始することになります。

Q　任意後見人の基本的な仕事の中身は，どういうものですか？

A　任意後見人の仕事は，一つは，本人の「財産の管理」です。自宅等の不動産や預貯金等の管理，年金の管理，税金や公共料金の支払い等々です。もう一つが，「介護や生活面の手配」です。要介護認定の申請等に関する諸手続，介護サービス提供機関との介護サービス提供契約の締結，介護費用の支払い，医療契約の締結，入院の手続，入院費用の支払い，生活費を届けたり送金したりする行為，老人ホームへ入居する場合の体験入居の手配や入居契約を締結する行為等です。

以上のように，任意後見人の仕事は，本人の財産をきちんと管理してあげるとともに，介護や生活面のバックアップをしてあげることです。

Q　任意後見契約を，途中でやめることはできますか？

A　任意後見契約を解除することはできますが，解除する時期により，その要件が異なります。

例えば、任意後見監督人が選任される前であれば、公証人の認証を受けた書面によっていつでも解除できます。合意解除の場合には，合意解除書に認証を受ければすぐに解除の効力が発生し，当事者の一方からの解除の場合は，解除の意思表示のなされた書面に認証を受け，これを相手方に送付してその旨を通告することが必要です。

－３－

2 合意契約に係る公正証書

パートナーシップ証明に当たっては、二人が共同生活を営むに当たり、当事者間において区が定める事項が明記された「合意契約公正証書」が必要となります。

※　任意後見契約公正証書は、お互いを任意後見受任者とする契約を結ぶ必要があるため、「委任者（Aさん）から受任者（Bさん）」と「委任者（Bさん）から受任者（Aさん）」という2つの契約が必要となります。一方、合意契約公正証書は二人の合意事項についての契約となるため、二人で1つの契約となります。

必須事項

合意契約公正証書には、次の事項が明記されている必要があります。

また、5ページに記載するパートナーシップ証明を行う場合の確認に関する特例に該当する場合にも、次の事項は必ず明記してください。

① 両当事者が愛情と信頼に基づく真摯な関係であること。

② 両当事者が同居し、共同生活において互いに責任を持って協力し、及びその共同生活に必要な費用を分担する義務があること。

【公正証書にした場合の例】(※13 ページを参照してください。)

第○条　甲及び乙は，愛情と信頼に基づく真摯な関係にあることを確認する。

第○条　甲及び乙は，同居し，共同生活において互いに責任を持って協力し，及びその共同生活に必要な費用を分担する義務を負うものとする。

区では、上記の事項が明記されていることを確認し、これ以外の二人の合意事項を、合意契約公正証書に明記することは自由となります。

例えば、療養看護に関する委任や、日常家事債務に関する責任、財産関係など、二人の話し合いにより自由に明記することができます（6ページを参照してください。）。

この公正証書は、3「公正証書の作成方法」のとおり、公証役場で公証人によって作成され、二人の立会いのもと、署名捺印がされて完成します。原本は、公証役場で保管され、二人には公正証書の正本が交付されます。

パートナーシップ証明を行う場合の確認に関する特例

パートナーシップ証明の確認に当たっては、２つの公正証書による確認を原則としていますが、二人のうち一方又は双方が次のいずれかに該当するときは、４ページの必須事項と併せて、下記のア及びイを「合意契約公正証書」に明記することで、「任意後見契約公正証書」による確認に代えて証明を行うことができるものとしています。

どのような場合に該当するのか

- 相手方以外の者を任意後見受任者とする任意後見契約を締結し、又は締結しようとしており、かつ、相手方がこれに合意しているとき。
- 性同一性障害者の性別の取扱いの特例に関する法律（平成 15 年法律第 111 号）第３条に規定する性別の取扱いの変更の審判を受ける前の性同一性障害者で、性別の取扱いの変更の審判を受けた後、婚姻することを当事者間で合意しているとき。
- 生活又は財産の形成過程であり、任意後見受任者に委託する事務の代理権の範囲を特定することが困難であるとき。

※　上記のほか、区長が合理的な理由があると認めるとき。

※「生活又は財産の形成過程であり、任意後見受任者に委託する事務の代理権の範囲を特定することが困難であるとき。」とは、生活基盤や財産を形成する過程にあり、将来の生活設計が明確になっているとは言えない段階であることから、任意後見契約の締結に当たり、任意後見受任者に代理権を付与する範囲（財産の管理・保存・処分、金融機関との取引、相続、保険、介護契約、住居等に関する事項等）を特定することが困難である場合を言います。

上記のいずれかに該当するときは

合意契約公正証書に、次の事項を明記する

上記のいずれかの事由を合意契約公正証書に明記し、併せて次のア及びイを明記する必要があります。

ア　当事者の一方の身体能力又は判断能力が低下したときは、他方当事者は、当該人の生活、療養看護及び財産の管理に関する事務を可能な限り援助し、当該人の意思を尊重し、かつ、その心身の状態及び生活の状況を配慮すること。

イ　当事者間で必要が生じたときは速やかに、任意後見契約に係る公正証書を作成すること。

【公正証書にした場合の例】(※14 ページを参照してください。)

第○条　甲及び乙は、生活又は財産の形成過程であり、任意後見受任者に委託する事務の代理権の範囲を特定することが困難である事由があるところ、甲乙いずれか一方の身体能力又は判断能力が低下したときは、他方は一方の生活、療養看護及び財産の管理に関する事務を可能な限り援助し、一方の意思を尊重し、かつ、その心身の状態及び生活の状況を配慮すること及び甲乙で必要が生じたときは速やかに、任意後見契約に係る公正証書を作成することに合意した。

区で明記されていることを確認

「任意後見公正証書」に代えて、上記「合意契約公正証書」により証明

－5－

合意契約　Q＆A

Q　合意契約公正証書を作成する費用は，いくらでしょうか？

A　基本的には、次のとおりとなります。ただし、区が確認する事項以外の二人の任意の契約事項や、個々の公証人によって異なる場合もあるため、あらかじめ公証人に確認してください。
①　公証役場の手数料　　1万1000円
※　証書の枚数が4枚を超えるときは、超える1枚ごとに250円が加算されます。
②　正本の作成手数料　　1枚250円×枚数

Q　必須事項以外の事項としては、例えばどのような内容がありますか？

A　必須事項の文例サンプルは 13 ページ・14 ページに記載していますが、次の内容は日本公証人連合会が作成した「任意事項事例集」であり、個々の文例については、二人の個別の事情に応じて記載することができます（法律の趣旨に反しない限り，当事者双方の合意により，自由に内容を決めることができます。）

第○条【療養看護に関する委任】
1　甲乙は，そのいずれか一方が罹患し，病院において治療又は手術を受ける場合，他方に対して，治療等の場面に立ち会い，本人と共に，又は本人に代わって，医師らから，症状や治療の方針・見通し等に関する説明を受けることを予め委任する。
2　前項の場合に加え，罹患した本人は，その通院・入院・手術時及び危篤時において，他方に対し，入院時の付添い，面会謝絶時の面会，手術同意書への署名等を含む通常親族に与えられる権利の行使につき，本人の最近親の親族に優先する権利を付与する。

第○条【日常家事債務に関する責任】
甲乙の一方が日常の家事に関して第三者と法律行為をしたときは，他の一方は，これによって生じた債務について，第三者に対し連帯して責任を負う。

第○条【財産関係】
1　甲及び乙が，本契約時までにそれぞれが有する財産は，各自の固有財産とする。
2　甲又は乙が，それぞれの親族から譲り受け，又は相続した財産は，各自の固有財産とする。
3　前二項に記載した以外の，甲乙の共同生活の期間中に取得した財産は，別異の合意がない限り，両名の共有に属するものとする。
4　共同生活に要する生活費は，原則として甲乙が平等に負担する。ただし，各人の収入が著しく相違する場合は，その収入に応じて公平に分担するように双方で協議する。

第○条【財産関係の清算】
甲及び乙は，将来本契約が解消された場合においては，共同生活中に形成された共有財産については，均等の割合で分割するものとする。ただし，甲乙間で協議の上，別異の合意をしたときはその合意に従う。

第○条【慰謝料】
本契約の終了につき責任のある当事者は，相手方に対し，別途，慰謝料の支払義務を負うものとする。

第○条【別途協議】
本契約に関し，本証書に記載のない事項及び本契約の解釈について疑義のある事項については，甲及び乙は，互いに誠意をもって協議し，解決を図るものとする。

5 公正証書の作成に当たり、あらかじめ準備すること（文例サンプルなど）

① 任意後見契約案の検討

任意後見契約の公正証書の作成に当たっては、あらかじめどの程度の範囲の事柄を相手方に委任するのかを決める必要があります。

公証役場では、一般的な文例サンプル（「代理権目録」11・12 ページ参照、「任意後見契約公正証書」9ページ参照）を用意していますので、それを参考に本人（委任者）と任意後見人となる人（任意後見受任者）とでよく話し合って契約内容を検討してください。

契約内容が固まっていない段階でも、公証人に相談すれば助言してくれますので、まずは公証人に相談をしてみましょう。

任意後見契約を結ぶには、次の書類が必要となります。
① 印鑑登録証明書
② 戸籍謄本
③ 住民票
※ いずれも発行後３か月以内のものに限ります。

② 合意契約案の検討

公正証書作成に当たっては、あらかじめ、二人が共同生活を営むに当たり、当事者間で何を合意事項とするのかを決めておく必要があります。

13 ページ、14 ページに日本公証人連合会が作成した一般的な文例サンプルを記載しています（6ページの任意事項事例集も併せて参考にしてください。）ので、それを参考に二人でよく話し合って契約内容を検討してください。

本人証明のため、次の書類が必要となります。
① 印鑑登録証明書
② 運転免許証，写真付き住民基本台帳カード，パスポートのいずれか１点

任意後見契約公正証書の文例サンプル

任意後見契約公正証書

本公証人は、委任者○○○○（以下「甲」という。）及び受任者○○○○（以下「乙」という。）の嘱託により、次の法律行為に関する陳述の趣旨を録取し、この公正証書を作成する。

第１条（契約の趣旨）
甲は乙に対し、平成○年○月○日、任意後見契約に関する法律に基づき，精神上の障害により事理を弁識する能力が不十分な状況における甲の生活，療養看護及び財産の管理に関する事務（以下「後見事務」という。）を委任し、乙はこれを受任する。

第２条（契約の発効）
１　前条の任意後見契約（以下「本契約」という）は，任意後見監督人が選任された時からその効力を生ずる。
２　本契約締結後、甲が精神上の障害により事理を弁識する能力が不十分な状況になり、乙が本契約による後見事務を行うことを相当と認めたときは、乙は、家庭裁判所に対し任意後見監督人の選任の請求をする。
３　本契約の効力発生後における甲と乙との間の法律関係については、任意後見契約に関する法律及び本契約に定めるもののほか、民法の規定に従う。

第３条（後見事務の範囲）
甲は、乙に対し、別紙「代理権目録（任意後見契約）」記載の後見事務（以下「本件後見事務」という。）を委任し、その事務処理のための代理権を付与する。

第４条（身上配慮の責務）
乙は、本件後見事務を処理するに当たっては、甲の意思を尊重し、かつ、甲の身上に配慮するものとし、その事務処理のため、適宜甲と面接し、ヘルパーその他日常生活援助者から甲の生活状況につき報告を求め、主治医その他医療関係者から甲の心身の状態につき説明を受けることなどにより、甲の生活状況及び健康状態の把握に努めるものとする。

第５条（証書等の保管等）
１　乙は、甲から本件後見事務処理のために必要な次の証書等及びこれらに準ずるものの引渡しを受けたときは、甲に対し、その明細及び保管方法を記載した預り証を交付する。
①登記済権利証、②実印・銀行印、③印鑑登録カード・住民基本台帳カード、④預貯金通帳、⑤各種キャッシュカード、⑥有価証券・その預り証、⑦年金関係書類、⑧土地・建物賃貸借契約書等の重要な契約書類
２　乙は、本契約の効力発生後甲以外の者が前項記載の証書等を占有所持しているときは、その者からこれらの証書等の引渡しを受けて、自らこれを保管することができる。
３　乙は、本件後見事務を処理するために必要な範囲で前記の証書等を使用するほか、甲宛の郵便物その他の通信を受領し、本件後見事務に関連すると思われるものを開封することができる。

第６条（費用の負担）
乙が本件後見事務を処理するために必要な費用は、甲の負担とし、乙は、その管理する甲の財産からこれを支出することができる。

第７条（報酬）
【報酬額の定めがある場合】
１　甲は、本契約の効力発生後、乙に対し、本件後見事務処理に対する報酬として毎月末日限り金○○円を支払うものとし、乙は、その管理する甲の財産からその支払を受けることができる。
２　前項の報酬額が次の事由により不相当となった場合には、甲及び乙は、任意後見監督人と協議のうえ、これを変更することができる。

－９－

（1）　甲の生活状況又は健康状態の変化
（2）　経済情勢の変動
（3）　その他現行報酬額を不相当とする特段の事情の発生
3　前項の場合において、甲がその意思を表示することができない状況にあるときは、乙は、任意後見監督人の書面による同意を得てこれを変更することができる。
4　第2項の変更契約は、公正証書によってしなければならない。
5　後見事務処理が、不動産の売却処分、訴訟行為、その他通常の財産管理事務の範囲を超えた場合には、甲は乙に対し毎月の報酬とは別に報酬を支払う。この場合の報酬額は、甲と乙が任意後見監督人と協議の上これを定める。甲がその意思を表示することができないときは、乙は任意後見監督人の書面による同意を得てこれを決定することができる。

【無報酬の場合】
1　乙の本件後見事務処理は、無報酬とする。
2　本件後見事務処理を無報酬とすることが、次の事由により不相当となった場合には、甲及び乙は、任意後見監督人と協議のうえ、報酬を定めることができる。
（1）　甲の生活状況又は健康状態の変化
（2）　経済情勢の変動
（3）　その他本件後見事務処理を無報酬とすることを不相当とする特段の事情の発生
3　（報酬額の定めがある場合の第3項に同じ）
4　（報酬額の定めがある場合の第4項に同じ）

第8条（報告）
1　乙は、任意後見監督人に対し、3か月ごとに、本件後見事務に関する次の事項について書面で報告する。
（1）　乙の管理する甲の財産の管理状況
（2）　甲を代理して取得した財産の内容、取得の時期・理由・相手方及び甲を代理して処分した財産の内容、処分の時期・理由・相手方
（3）　甲を代理して受領した金銭及び支払った金銭の状況
（4）　甲の身上監護につき行った措置
（5）　費用の支出及び支出した時期・理由・相手方
（6）　報酬の定めがある場合の報酬の収受
2　乙は、任意後見監督人の請求があるときは、いつでも速やかにその求められた事項につき報告する。

第9条（契約の解除）
1　甲又は乙は、任意後見監督人が選任されるまでの間は、いつでも公証人の認証を受けた書面によって、本契約を解除することができる。
2　甲又は乙は、任意後見監督人が選任された後は、正当な事由がある場合に限り、家庭裁判所の許可を得て、本契約を解除することができる。

第 10 条（契約の終了）
1　本契約は、次の場合に終了する。
（1）　甲又は乙が死亡し又は破産手続開始決定を受けたとき
（2）　乙が後見開始の審判を受けたとき
（3）　乙が任意後見人を解任されたとき
（4）　甲が任意後見監督人選任後に法定後見（後見・保佐・補助）開始の審判を受けたとき
（5）　本契約が解除されたとき
2　任意後見監督人が選任された後に前項各号の事由が生じた場合、甲又は乙は、速やかにその旨を任意後見監督人に通知するものとする。
3　任意後見監督人が選任された後に第1項各号の事由が生じた場合、甲又は乙は、速やかに任意後見契約の終了の登記を申請しなければならない。

※［代理権目録］（第1号様式もしくは第2号様式）を別紙として添付する。

任意後見契約「代理権目録」

任意後見人が任意代理権を行う後見事務の範囲は、事前に特定しておく必要があります。後見事務の範囲は代理権目録により記載されます。様式には第１号様式（チェック方式）と第２号様式（包括記載方式）があり、いずれを利用するかは自由です。【詳細は各公証役場に問い合わせください。】

＜第１号様式＞見本（※実際の様式とは異なりますのでご注意ください。）

代理権目録

A　財産の管理・保存・処分等に関する事項
- A１□　甲の帰属する別紙「財産目録」記載の財産及び本契約締結後に甲に帰属する財産（預貯金[B１・B２]を除く。）並びにその果実の管理・保存
- A２□　上記の財産（増加財産を含む。）及びその果実の処分・変更
  - □売却
  - □賃貸借契約の締結・変更・解除
  - □担保権の設定契約の締結・変更・解除
  - □その他（別紙「財産の管理・保存・処分等目録」記載のとおり）

B　金融機関との取引に関する事項
- B１□　甲に帰属する別紙「預貯金目録」記載の預貯金に関する取引（預貯金の管理、振込依頼・払戻し、口座変更・解除等。以下同じ。）
- B２□　預貯金口座の開設及び当該預貯金に関する取引
- B３□　貸金庫取引
- B４□　保護預り取引
- B５□　金融機関とのその他の取引
  - □当座勘定取引
  - □融資取引
  - □保証取引
  - □担保提供取引
  - □証券取引（国債、公共債、金融債、社債、投資信託等）
  - □為替取引
  - □信託取引（予定（予想）配当率を付した金銭信託（貸付信託）を含む。）
  - □その他（別紙「金融機関との取引目録」記載）
- B６□　金融機関とのすべての取引

C　定期的な収入の受領及び費用の支払に関する事項
- C１□　定期的な収入の受領及びこれに関する諸手続き
  - □家賃・地代
  - □年金・障害年金その他の社会保障給付
  - □その他（別紙「定期的な収入の受領等目録」記載のとおり）
- C２□　定期的な支出を要する費用の支払及びこれに関する諸手続
  - □家賃・地代
  - □公共料金
  - □保険料
  - □ローンの返済金
  - □その他（別紙「定期的な支出を要する費用の支払等目録」記載のとおり）

D　生活に必要な送金及び物品の購入等に関する事項
- D１□　生活費の送金
- D２□　日用品の購入その他日常生活に関する取引
- D３□　日用品以外の生活に必要な機器・物品の購入

E　相続に関する事項
- E１□　遺産分割又は相続の承認・放棄
- E２□　贈与若しくは遺贈の拒絶又は負担付の贈与若しくは遺贈の受諾
- E３□　寄与分を求める申立て
- E４□　遺留分減殺の請求

F　保険に関する事項
- F１□　保険契約の締結・変更・解除
- F２□　保険金の受領

G　証書等の保管及び各種の手続きに関する事項
- G１□　次に掲げるものその他これらに準ずるものの保管及び事項処理に必要な範囲内の使用
  - □　登記済権利証
  - □　実印・銀行印・印鑑登録カード
  - □　その他（別紙「証書等の保管目録」記載のとおり）
- G２□　株券等の保護預り取引に関する事項
- G３□　登記の申請
- G４□　供託の申請
- G５□　住民票、戸籍謄抄本、登記事項証明書その他の行政機関の発行する証明書の請求
- G６□　税金の申告・納付

H　介護契約その他に福祉サービス利用契約に関する事項
- H１□　介護契約（介護保険制度における介護サービスの利用契約、ヘルパー・家事援助者等の派遣契約を含む。）の締結・変更・解除及び費用の支払
- H２□　要介護認定の申請及び認定に関する承認又は異議申立て
- H３□　介護契約以外の福祉サービスの利用契約の締結・変更・解除及び費用の支払
- H４□　福祉関係施設への入所に関する契約（有料老人ホームの入居契約等を含む。）の締結・変更・解除及び費用の支払
- H５□　福祉関係の措置（施設入所措置等を含む。）の申請及び決定に関する異議申立て

I　住居に関する事項
- I１□　居住用不動産の購入
- I２□　居住用不動産の処分
- I３□　借地契約の締結・変更・解除
- I４□　借家契約の締結・変更・解除
- I５□　住居等の新築・増改築・修繕に関する請負契約の締結・変更・解除

J　医療に関する事項
- J１□　医療契約の締結・変更・解除及び費用の支払
- J２□　病院への入院に関する契約の締結・変更・解除及び費用の支払

K□　A～J以外のその他の事項（別紙「その他の委任事項目録」記載のとおり）

L　以上の各事項に関して生ずる紛争の処理に関する事項
- L１□　裁判外の和解（示談）
- L２□　仲裁契約
- L３□　行政機関等に対する不服申立及びその手続きの追行
- L４・１　任意後見受任者が弁護士である場合における次の事項
  - L４・１・１□　訴訟行為（訴訟の提起、調停若しくは保全処分の申立て又はこれらの手続の追行、応訴等）
  - L４・１・２□　民事訴訟法第55条第２項の特別授権事項（反訴の提起、訴えの取下げ・裁判上の和解、請求の放棄・認諾、控訴・上告、復代理人の選出等）
- L４-２□　任意後見受任者が弁護士に対して訴訟行為及び民事訴訟法第55条第２項の特別授権事項について授権をすること
- L５□　紛争の処理に関するその他の事項（別紙「紛争の処理等目録」記載のとおり）

M　復代人・事務代行者に関する事項
- M１□　復代理人の選任
- M２□　事務代行者の指定

N　以上の各事務に関連する事項
- N１□　以上の各事項の処理に必要な費用の支払
- N２□　以上の各事項に関連する一切の事項

※　任意後見人が代理権を行うべき事務の事項の□にレ点を付すること。

- 11 -

＜第２号様式＞

第２号様式は、代理権の内容を包括的に記載する方法です。

〔記載例Ⅰ〕は、概括的なものであり、〔記載例Ⅱ〕は、詳細ではありますが不要なものは削除することが予定されているものです。

〔記載例Ⅰ〕

代理権目録（任意後見契約）

1　不動産、動産等すべての財産の保存、管理及び処分に関する事項
2　金融機関、証券会社及び保険会社とのすべての取引に関する事項
3　甲の生活費の送金及び生活に必要な財産の取得、物品の購入その他の日常生活関連取引並びに定期的な収入の受領及び費用の支払に関する事項
4　医療契約、入院契約、介護契約その他の福祉サービス利用契約、福祉関係施設入退所契約に関する事項
5　要介護認定の申請及び認定に関する承認又は異議申立てに関する事項
6　訴訟行為（民事訴訟法第 55 条第２項の特別授権事項を含む。）に関する事項
7　以上の各事項に関連する一切の事項

〔記載例Ⅱ〕

代理権目録（任意後見契約）

1　不動産、動産等すべての財産の保存、管理及び処分に関する事項
2　金融機関、郵便局、証券会社とのすべての取引に関する事項
3　保険契約（類似の共済契約等を含む。)に関する事項
4　定期的な収入の受領、定期的な支出を要する費用の支払に関する事項
5　生活費の送金、生活に必要な財産の取得に関する事項及び物品の購入その他の日常関連取引（契約の変更、解除を含む）に関する事項
6　医療契約、入院契約、介護契約その他の福祉サービス利用契約、福祉関係施設入退所契約に関する事項
7　要介護認定の申請及び認定に関する承認又は異議申立て並びに福祉関係の措置（施設入所措置を含む）の申請及び決定に対する異議申立に関する事項
8　シルバー資金融資制度、長期生活支援資金制度等の福祉関係融資制度の利用に関する事項
9　登記済権利証、印鑑、印鑑登録カード、住民基本台帳カード、預貯金通帳、各種キャッシュカード、有価証券・その預り証、年金関係書類、土地・建物賃貸借契約書等の重要な契約書類その他重要書類の保管及び各事項の事務処理に必要な範囲内の使用に関する事項
10　居住用不動産の購入、賃貸借契約並びに住居の新築・増改築に関する請負契約に関する事項
11　登記及び供託の申請、税務申告、各種証明書の請求に関する事項
12　遺産分割の協議、遺留分減殺請求、相続放棄、限定承認に関する事項
13　配偶者、子の法定後見開始の審判の申立てに関する事項
14　新たな任意後見契約の締結に関する事項
15　以上の各事項に関する行政機関への申請、行政不服申立て、紛争の処理(弁護士に対する民事訴訟法第 55 条第２項の特別授権事項の授権を含む訴訟行為の委任、公正証書の作成嘱託を含む。)に関する事項
16　復代理人の選任、事務代行者の指定に関する事項
17　以上の各事項に関連する一切の事項

合意契約公正証書の文例サンプル〔基本型〕

この文例サンプルは、5ページのパートナーシップ証明を行う場合の確認に関する特例に該当しない場合の基本型（4ページの必須事項のみを記載したものです。）となる例示です。

文例サンプル中、区が確認する必須事項は、第2条第1項と第3条の内容のみとなります（□の箇所のみ）。第1条、第2条第2項及び第4条は、任意に記載した場合の例示となっており、二人の希望等により修正等をすることができます。

また，この文例に他の事項を任意で追加することもできます（6ページの「任意事項事例集」を参照してください。）。

〔基本型〕（※日本公証人連合会作成）

パートナーシップ合意契約公正証書

本職は，平成○年○月○日，○○○○（以下「甲」という。）及び○○○○（以下「乙」という。）の嘱託により，次の法律行為等に関する陳述を録取し，この証書を作成する。

第1条　甲及び乙は，渋谷区男女平等及び多様性を尊重する社会を推進する条例に基づく「パートナーシップ証明」の取得に当たり，両名の共同生活に関し，以下のとおり合意する。

第2条　甲及び乙は，愛情と信頼に基づく真摯な関係にあることを確認する。

2　甲及び乙は，将来にわたるパートナーとしての意思が揺るぎないものであることを互いに誓約する。

第3条　甲及び乙は，同居し，共同生活において互いに責任を持って協力し，及びその共同生活に必要な費用を分担する義務を負うものとする。

第4条　甲及び乙は，合意により本契約を終了させることができる。

2　甲又は乙は，他方が本契約条項に違反した場合その他本契約を継続し難い事由がある場合は，相手方に対する意思表示により，本契約を解除することができる。

3　甲又は乙は，本契約が解除された場合は，速やかに渋谷区長にパートナーシップの解消を届け出なければならない。

以　上

- 13 -

合意契約公正証書の文例サンプル〔特例型〕

この文例サンプルは、5ページのパートナーシップ証明を行う場合の確認に関する特例に該当する場合の例示です。

文例サンプル中、区が確認する必須事項は、第2条第1項、第3条、第4条の内容となります（□の箇所）。第1条、第2条第2項及び第5条は、任意に記載した場合の例示となっており、二人の希望等により修正等をすることができます。また，この文例に他の事項を任意で追加することもできます（6ページの「任意事項事例集」を参照してください。）。

〔特例型〕（※日本公証人連合会作成）

パートナーシップ合意契約公正証書

本職は，平成○年○月○日，○○○○（以下「甲」という。）及び○○○○（以下「乙」という。）の嘱託により，次の法律行為等に関する陳述を録取し，この証書を作成する。

第1条　甲及び乙は，渋谷区男女平等及び多様性を尊重する社会を推進する条例に基づく「パートナーシップ証明」の取得に当たり，両名の共同生活に関し，以下のとおり合意する。

第2条　甲及び乙は，愛情と信頼に基づく真摯な関係にあることを確認する。
2　甲及び乙は，将来にわたるパートナーとしての意思が揺るぎないものであることを互いに誓約する。

第3条　甲及び乙は，同居し，共同生活において互いに責任を持って協力し，及びその共同生活に必要な費用を分担する義務を負うものとする。

第4条　甲及び乙は，甲（乙，甲及び乙）が〔ここに次の①～③いずれかの該当する事由を記載してください。〕事由があるところ，甲乙のいずれか一方の身体能力又は判断能力が低下したときは，他方は一方の生活，療養看護及び財産の管理に関する事務を可能な限り援助し，一方の意思を尊重し，かつ，その心身の状態及び生活の状況を配慮すること及び甲及び乙で必要が生じたときは速やかに，任意後見契約に係る公正証書を作成することを合意した。

① 乙（甲）以外の者を任意後見受任者とする任意後見契約を締結しており，（※これから締結する場合は「締結しようとしており」と記載），乙（甲）がこれに合意している
② 性同一性障害者の性別の取扱いの特例に関する法律（平成15年法律第111号）第3条に規定する性別の取扱いの変更の審判を受ける前の性同一障害者であり，性別の取扱いの変更の審判を受けた後、婚姻することを甲及び乙で合意している
③ 生活又は財産の形成過程であり，任意後見受任者に委託する事務の代理権の範囲を特定することが困難である

第5条　甲及び乙は，合意により本契約を終了させることができる。
2　甲又は乙は，他方が本契約条項に違反した場合その他本契約を継続し難い事由がある場合は，相手方に対する意思表示により，本契約を解除することができる。
3　甲又は乙は，本契約が解除された場合は，速やかに渋谷区長にパートナーシップの解消を届け出なければならない。

- 14 -

都内公証役場一覧

※日本公証人連合会ＨＰより引用

公証役場	郵便番号	所 在 地	TEL	FAX
霞ヶ関	100-0011	千代田区内幸町 2-2-2　富国生命ビル地下1階 kasumigaseki4315@proof.ocn.ne.jp	03-3502-0745	03-3502-3840
日本橋	103-0026	中央区日本橋兜町 1-10　日証館ビル 1 階 nb.notar@cello.ocn.ne.jp	03-3666-3089	03-3666-3573
渋谷	150-0041	渋谷区神南 1-21-1　日本生命渋谷ビル 8 階 shibuya@koshonin.gr.jp	03-3464-1717	03-3464-2799
神田	101-0044	千代田区鍛冶町 1-9-4　KYYビル3階 kanda@kanda-kosho.jp	03-3256-4758	03-3256-1200
池袋	170-6008	豊島区東池袋 3-1-1　サンシャイン 60 ビル 8 階	03-3971-6411	03-3984-2740
大森	143-0016	大田区大森北 1-17-2　大森センタービル 2 階 omori-notary@coffee.ocn.ne.jp	03-3763-2763	03-3763-4500
新宿	160-0023	新宿区西新宿 7-4-3　升本ビル 5 階 manager@shinjuku-notary.com	03-3365-1786	03-3365-3835
文京	112-0003	文京区春日 1-16-21　文京シビックセンター8 階 office@bunkyo-kosho.jp	03-3812-0438	03-3812-0413
上野	110-0015	台東区東上野 1-7-2　冨田ビル 4 階 uenotary@siren.ocn.ne.jp	03-3831-3022	03-3831-3025
浅草	111-0034	台東区雷門 2-4-8　あいおいニッセイ同和損保浅草ビル 2 階 asakusa@asakusa-koshoyakuba.jp	03-3844-0906	03-3845-2523
丸の内	100-0005	千代田区丸の内 3-3-1　新東京ビル 2 階 235 区 marunouchi@maru-notary.com	03-3211-2645	03-3211-2647
京橋	104-0031	中央区京橋 1-1-10　西勘本店ビル 6 階 kyobashi@koshonin.gr.jp	03-3271-4677	03-3271-3606
銀座	104-0061	中央区銀座 2-2-6　第2DKビル 5 階 office@ginza-notary.jp	03-3561-1051	03-3561-1053
新橋	105-0004	港区新橋 1-18-1　航空会館 6 階 shinbashi@koshonin.gr.jp	03-3591-4845	03-3591-5590
芝	105-0003	港区西新橋 3-19-14　東京建硝ビル 5 階	03-3434-7986	03-3434-7987
麻布	106-0045	港区麻布十番 1-4-5　深尾ビル 5 階 azabukosho0907@rice.ocn.ne.jp	03-3585-0907	03-3585-0908
目黒	141-0021	品川区上大崎 2-17-5　デルダンビル 5 階	03-3494-8040	03-3494-8041
五反田	141-0022	品川区東五反田 5-27-6　第一五反田ビル 3 階 gotanda-yakuba@citrus.ocn.ne.jp	03-3445-0021	03-3445-1136
世田谷	154-0024	世田谷区三軒茶屋 2-15-8　ファッションビル 4 階 info@setagaya-kosho.jp	03-3422-6631	03-3487-5925

公証役場	郵便番号	所在地	TEL	FAX
蒲田	144-0051	大田区西蒲田 7-5-13　森ビル 2 階 kamata@notary.jp	03-3738-3329	03-3730-5052
王子	114-0002	北区王子 1-14-1　山本屋ビル 3 階 ohji.kousyou01@mx4.alpha-web.ne.jp	03-3911-6596	03-3911-6594
赤羽	115-0044	北区赤羽南 1-4-8　赤羽南商業ビル 6 階 akabane_notary@mbr.nifty.com	03-3902-2339	03-3902-2420
小岩	133-0057	江戸川区西小岩 3-31-14　ジブラルタ生命小岩ビル 5 階 koiwa.k@mx1.alpha-web.ne.jp	03-3659-3446	03-3671-0486
葛飾	124-0012	葛飾区立石 4-25-9 info@katsushika-kosho.jp	03-3693-4103	03-3693-4430
錦糸町	130-0022	墨田区江東橋 3-9-7　国宝ビル 5 階 kinshi8yakuba@car.ocn.ne.jp	03-3631-8490	03-3635-1540
向島	131-0032	墨田区東向島 6-1-3　小島ビル 2 階 office@mukojima-kosho.jp	03-3612-5624	03-3612-2890
千住	120-0034	足立区千住 2-54　須川ビル 5 階	03-3882-1177	03-3882-1178
練馬	176-0012	練馬区豊玉北 5-17-12　練馬駅前ビル 3 階	03-3991-4871	03-3993-3428
中野	164-0001	中野区中野 5-65-3　A-01 ビル 7 階	03-5318-2255	03-5318-2266
杉並	167-0032	東京都杉並区天沼3－3－3　澁澤荻窪ビルディング 4 階 sugikohs@sage.ocn.ne.jp	03-3391-7100	03-3391-7103
板橋	173-0004	板橋区板橋 2-67-8　板橋中央ビル 9 階	03-3961-1166	03-3962-2810
麹町	102-0083	千代田区麹町 4-4-7　アトム麹町タワー6階 notarykj@blue.ocn.ne.jp	03-3265-6958	03-3265-6959
浜松町	105-0012	港区芝大門 1-4-14　芝栄太楼ビル 7 階 h-kosho@jeans.ocn.ne.jp	03-3433-1901	03-3435-0075
八重洲	103-0028	中央区八重洲 1-7-20　八重洲口会館 6 階 ykousyou@mint.ocn.ne.jp	03-3271-1833	03-3275-3595
大塚	170-0005	豊島区南大塚 2-45-9　ヤマナカヤビル 4 階 otukakoshonin@watch.ocn.ne.jp	03-6913-6208	03-6913-6237
赤坂	107-0052	港区赤坂 3-9-1　八洲貿易ビル 3 階 akasaka-notary@hkg.odn.ne.jp	03-3583-3290	03-3584-4987
高田馬場	169-0075	新宿区高田馬場 3-3-3　NIAビル 5 階 baba-kosho@kxf.biglobe.ne.jp	03-5332-3309	03-3362-3370
昭和通り	104-0061	中央区銀座 4-10-6　銀料ビル 2 階 higashiginza@kousyouyakuba.net	03-3545-9045	03-3545-9080
新宿御苑前	160-0022	新宿区新宿 2-9-23　SVAX 新宿 B 館 3 階	03-3226-6690	03-3226-6692
武蔵野	180-0004	武蔵野市吉祥寺本町 2-5-11　松栄ビル 4 階 musashino-kosho@nifty.com	0422-22-6606	0422-22-7210

●渋谷区パートナーシップ証明　任意後見契約・合意契約　公正証書作成の手引き　18

公証役場	郵便番号	所 在 地	TEL	FAX
立川	190-0023	立川市柴崎町 3-9-21　エルフレア立川ビル 2 階 spz347h9@beach.ocn.ne.jp	042-524-1279	042-522-2402
八王子	192-0082	八王子市東町 7-6　ダヴィンチ八王子 2 階	042-631-4246	042-631-4247
町田	194-0021	町田市中町 1-5-3	042-722-4695	042-722-5693
府中	183-0056	府中市寿町 1-1-3　三ツ木寿町ビル 2 階	042-369-6951	042-362-9075
多摩	206-0033	多摩市落合 1-7-12　ライティングビル 1 階 tm-kosho@dream.ocn.ne.jp	042-338-8605	042-338-8659

●渋谷区パートナーシップ証明　任意後見契約・合意契約　公正証書作成の手引き　19

渋谷区パートナーシップ証明
任意後見契約・合意契約公正証書作成の手引き
渋谷区男女平等・ダイバーシティセンター
平成２７年１０月発行

－ 18 －

＊なお、8ページは扉ページのため割愛した

●相談先専門家一覧

（北海道）

●北海道合同法律事務所　弁護士　加藤丈晴
〒060-0042　札幌市中央区大通西12丁目 北海道高等学校教職員センター5F
TEL:011-231-1888　FAX:011-231-1785　WEB:http://www.hg-law.jp

（東京）

●永野・山下法律事務所
〒160-0008　新宿区三栄町8番地 森山ビル東館3階
TEL:03-5919-1194　WEB:http://nagano-yamashita.com

●諏訪の森法律事務所　弁護士　中川重徳
〒169-0075　新宿区高田馬場1-16-8 アライヒルズ2A
TEL:03-5287-3750

●東中野さくら行政書士事務所　行政書士　永易至文
〒164-0003　中野区東中野1-57-2 柴沼ビル41号
TEL:03-6279-3094　WEB:http://sakura-gyoseishoshi.com

●ロータス司法書士事務所
〒160-0008　新宿区三栄町7-3 ロイヤル四谷202号
TEL:03-3354-8116

●行政書士わたなべパートナーズオフィス　行政書士　渡邊一恵
〒108-0071　港区白金台5-2-5トランドゥ103号室
TEL:03-6721-7954　MAIL:gyosei@watanabe-partners.com

●弁護士法人アドバンス
〒102-0093　千代田区平河町1-4-14 HIDA麹町ビル2階
TEL:03-6268-9517　FAX:03-6268-9518

●アンパサンド法務行政書士事務所
〒102-0093　千代田区平河町1-4-14 HIDA麹町ビル2階
TEL:03-6268-9517　FAX:03-6268-9518

●司法書士法人ソレイユ
〒100-0005　千代田区丸の内2-2-1 岸本ビルヂング602号
TEL:03-3214-2107　FAX:03-6385-7518

●日野市民法律事務所　弁護士　加藤慶二
〒191-0011　日野市日野本町3-14-18 谷井ビル4階
TEL:042-587-3533

●早稲田リーガルコモンズ法律事務所　弁護士　原島有史
MAIL:harashima@legalcommons.jp　WEB:http://www.legalcommons.jp/

●阿部司法書士事務所
TEL:03-6455-4566　WEB:http://fab-ssl.com

●藤元法律事務所　弁護士　藤元達弥
〒160-0022　新宿区新宿5-4-1 新宿Qフラットビル801
TEL:03-5925-8173　FAX:03-5925-8174　WEB:http://fujimotolo.com/

（神奈川）

●行政書士　粂智仁事務所
〒253-0056 茅ヶ崎市共恵1-6-22
TEL:0467-87-7228　FAX:0467-87-7332　MAIL:gs-kume@jcom.home.ne.jp

●田中行政書士事務所
MAIL:tanaka-t@gyosei.or.jp　WEB:http://lgbt-life-support.jimdo.com

●横浜山手法律事務所　弁護士　金子祐子
〒231-0861　横浜市中区元町5-196-13 ウィーズ元町ビル7階
TEL:045-226-3364

（千葉）
●弁護士法人リバーシティ法律事務所　弁護士　南川麻由子
〒272-0033　市川市市川南1-9-23 京葉住設市川ビル5F
TEL：047-325-7378
（愛知）
●名古屋第一法律事務所　弁護士　堀江哲史
〒460-0002　名古屋市中区丸の内2-18-22 三博ビル5階
TEL：052-211-2236　MAIL：s-horie@daiichi-law.gr.jp
（大阪）
●なんもり法律事務所　弁護士　吉田昌史　弁護士　南和行
〒530-0041　大阪市北区天神橋2-5-28 千代田第二ビル2階
TEL：06-6882-2501　WEB：http://www.nanmori-law.jp/
●こう行政書士事務所
〒544-0032　大阪市生野区中川西2-17-20
TEL：06-6717-8328　WEB：http://kou-lgbt.com
●室谷総合法律事務所　弁護士　室谷光一郎
〒550-0013　大阪市西区新町1-5-7 四ツ橋ビルディング602
TEL:06-6535-7340　FAX:06-6535-7341　WEB：http://www.murotani-law.jp
●開成法律事務所　弁護士　大畑泰次郎
〒530-0047　大阪市北区西天満4-4-13 三共ビル梅新10階
TEL：06-6364-4114
●のぞみ共同法律事務所　弁護士　三輪晃義
〒530-0047 大阪市北区西天満4-6-18 アクセスビル7階
TEL：06-6315-8284
●行政書士 スター法務事務所
〒544-0004　大阪市生野区巽北3-9-11
TEL：06-7492-0763　MAIL：star-leehuyun@outlook.com
（広島）
●Holly行政書士事務所　行政書士　野元恵水
〒732-0066　広島市東区牛田本町4-6-13
TEL：090-3371-8133　WEB：http://www.holly-lgbt.com
（徳島）
●浅田法律事務所（担当：堀井秀知）
〒770-0854 徳島市徳島本町3-13 大西ビル3階
TEL：088-653-5676　FAX：088-653-5652
（山口）
●新山口法律事務所
〒754-0014　山口市小郡高砂町8-11 秋本ビル203
TEL：083-976-0491
（熊本）
●阿蘇ひまわり基金法律事務所　弁護士　森あい
〒869-2612　阿蘇市一の宮町宮地2005-8 メロディハイツ203
TEL：0967-22-5223　FAX：0967-22-5224

あとがき

同性パートナーシップ証明ができるまで、を追って

2015年11月
エスムラルダ

ほんの少し前まで、私の周りのゲイ男性の間で、「日本で同性婚が認められるようになる」ことをリアルにイメージしていた人は、さほど多くなかったように思う。私自身もそうだった。「いつかはそのような日がくるかもしれない」と漠然と想像してはいたものの、「身近なところにLGBT（この表現をめぐり、昨今、さまざまな議論が交わされているのは承知しているが、今回はセクシュアルマイノリティ全般を指す言葉として、『LGBT』を使わせていただいた）がいる」ことをイメージできる人がまだまだ少ない日本では、文化的にも法的にもクリアするべき課題が多く残されており、「外

と考えていた。

圧」などよほどのことがないかぎり、同性婚が実現するのに十年はかかるだろう、

また、きわめて個人的な話で恐縮だが、私はこれまでの人生の大半を「独り身のゲイ男性」として過ごしてきた。残念ながら、「この男性と結婚したい」とまで思い至るような関係を結んだことはないし、「同性間の婚姻もしくはパートナーシップが認められていないがゆえの不利益」を被ったこともない。

もちろん「同性のパートナーと互いに助け合いながら、生涯を共にしたい」という希望はあるし、これから先、どのような出会いが待っているかわからない。将来「同性間の婚姻もしくはパートナーシップが認められていれば……!」と悔しい思いをする可能性も十分にある。しかし人間というのは現金なもので、「現時点で、自分にはあまり関係がない」と判断したことに対しては、どうしても関心が薄くなってしまうし、「パートナーもいない自分ごときが、同性婚や同性パートナーシップ制度を求めるのはおこがましい」という気持ちにもなってしまう。

こうした事情から、私はどこか同性婚を「他人ごと」として捉えており、「もし日本でも同性婚が認められるようになったら、独身のノンケ（異性愛者）同様、独身のＬＧＢＴも『肩身の狭い』思いをするようになるのだろうか」「独りでいると、家族

や同僚などから『同性でも異性でもいいから、とにかく身を固めろ』と言われるようになるのだろうか」などと考えたりしていた。

ところが、数年前からにわかに、同性婚にまつわる情報を多く耳にするようになった。

20世紀終盤から同性パートナーシップ制度を導入していた欧米各国が、21世紀に入ると次々に同性婚を認めるようになり、知人の中にも「外国人のパートナーと海外で結婚する」という者が、ちらほら現われるようになった。

日本でも、「ＬＧＢＴ向けのブライダル」に関心を抱いたり、実際に手がけたりする企業や結婚式場が徐々に増え、渋谷区と世田谷区では同性パートナーシップ証明が始まった。

いまだに「他人ごと」感は拭い去れないものの、「何か大きな動きが起こりつつある」という気配を、私もひしひしと感じている。

さて、本書で私が担当したのは、第1章「同性パートナーシップ証明はなぜ、いかにして生まれたのか」である。

特に同性婚や同性パートナーシップ制度に強い思い入れがあったわけでもない私

が、渋谷区と世田谷区の同性パートナーシップ証明について調べようと思ったのは、それがどのような経緯で生まれたものなのか、興味を惹かれたからである。

渋谷に関しては、池山世津子、岡田マリ、栗谷順彦、桑原敏武、杉山文野、長谷部健、松中権の各氏に、世田谷に関しては、上川あや、西川麻実、保坂展人の各氏に、個別に取材をさせていただいた。

人選や情報の取捨選択の段階で、すでにある程度の価値判断が入ってしまっていることは否めないが、執筆にあたってはできるだけ私情を挟まず、取材から得られた情報を正確に伝えるよう心がけた。

人によって、同じ事柄に対する捉え方が異なったり、意見が食い違ったりする箇所もいくつかあったが、あえて手を加えるようなことはせず、そのまま生かしている。

取材を通して強く感じたのは、（いささか非科学的な物言いになるが）今回の二つの制度が「生まれるべくして生まれたのではないか」ということだ。

なぜなら、それぞれの成立に至る過程が、数々の偶然に満ちていたからである。

特に渋谷区の条例案は、関係者のうち誰か一人でも欠けていたら、あるいは少しでもタイミングがずれていたら、そもそもアイデアすら生まれなかったり、どこかの時点で流れてしまったりした可能性が高い。

1994年に日本で初めてLGBTのパレードが行われて以来、常にその「到着地点」であり続けた「渋谷」という街（しかも1996年以降は、渋谷区役所の前がパレードのスタート地点となっている）で、日本で初めて同性間のパートナーシップを認める条例が成立したことにも、何やら因縁めいたものを感じる。

また、渋谷区の隣の世田谷区で、保坂・上川の両氏が区政に携わっていた、というのも、面白い巡り合わせである。お二人がいなければ、世田谷区の制度がこんなにもスピーディに実現することはなかっただろう。

何から何まで対照的な渋谷区の制度と世田谷区の制度が、同じ日にスタートした意味は大きい。どちらか一つだけだったら、「特殊な事例」として片づけられてしまったかもしれないが、二つの区が同時に始めたことにより、さまざまな意味で幅が広がったように思う。二通りのアプローチが提示されたことにより、ほかの自治体も後に続きやすくなったのではないだろうか。

なお2015年2月、「パートナーシップ証明を含む条例案が渋谷区議会に提出される」と報じられると、LGBT当事者の間でも、それ以外の人々の間でも、賛否両論が巻き起こった。

反対派の主だった意見は、「『結婚』は男女のためだけのものだ」「そのような制度を認めることは、家族制度の崩壊や少子化につながる」「未婚の異性愛男女も増えつつあるいま、わざわざ『結婚』という、古臭く問題も多い制度を、わざわざLGBTが手に入れる必要があるのか」といったものだった。

また「『公正証書の作成』など、パートナーシップ証明のためにクリアしなければならない条件が厳しすぎる」という意見もあり、条例成立の1か月後に渋谷区長選が行われたことなどから、「LGBTが政治利用されたのでは」という声もあがった。

渋谷区や世田谷区の同性パートナーシップ証明は、(将来的に同性婚を求める動きにつながる可能性はもちろんあるが) 法的な婚姻とはまったく性格を異にする。

また、仮に将来、同性婚が認められるようになったとしても、それが「少子化につながる」などというのは、非常にナンセンスである。

同性婚は、異性を愛する人に「同性と結婚しろ」「子どもを作るな」と強制するものではない。もともと同性を性愛の対象とする (制度があろうとなかろうと、自身の子どもを作る可能性が少ない) 者が利用する制度である。

そして、上川氏の言葉（2015年11月6日のツイート）を借りれば「同性婚が認められたとしても、同性愛者が増える訳ではなく、嘘をつかずに自分らしく暮らし、幸せになれる人か増えるだけ」なのである。

事実誤認や偏見に基づく「反対意見」に対しては、この場を借りて反論させていただいたが、そのほかの論点――「条件の厳しさ」や「政治利用」云々――について、本書で是非を問うたり判断を下したりするつもりはない。関係者の「思い」は第1章で紹介しているが、それらをどうとらえるかは、読者のみなさん次第である。ただ、少なくとも直に会ってお話を伺った限りでは、それぞれの制度の成立に関わった方々はみな、「LGBT当事者にとって何がベター、もしくはベストなのか」を真剣に考えておられるように、私には感じられた。

私自身はいまだに、LGBTのカップルにパートナーシップ制度や結婚制度が認められるべきなのか、明確な答えを導きだせずにいる。しかし「生き方」の選択肢は、ないよりはあった方がいい。そして、もしかしたら将来、良きパートナーと巡り逢い、「ああ、やはり同性婚もしくは同性パートナーシップが認められていてよかった」と思う日が来るかもしれない――と考えると、やはり今回の渋谷区や世田谷区での「第一歩」を、素直に喜んでおきたい気がする。

制度というのは「生き物」である。

作られた後、実際に運用され、さまざまな人たちの意見や議論にさらされるうちに、少しずつ鍛えられ、変化していく。

同性パートナーシップ証明などはまさに、生まれたてホヤホヤの赤ん坊のようなものである。現時点ではさほど強い思い入れはないとはいえ、ＬＧＢＴ当事者の一人として、せっかく生まれた赤ん坊にはすくすくと育ってほしいし、兄弟姉妹がたくさん増えてくれればいいな、とも思っている。

本書によって、一人でも多くの方に、同性パートナーシップ証明という制度がいかにして生まれたものなのか、どのようなものなのかを知っていただければ、そしてこの新たな制度がより良い形に成長していく助けになれば、望外の喜びである。

大きな一歩に立ち会って

同性パートナーシップ証明手続き編のパートを担当させていただきました、司法書士のＫＩＲＡと申します。この度は、本書をお手にとってお読みいただき、どうも有難うございました。当初、「渋谷区の条例成立の本をエスムラルダが出すから、ちょっとその手続きのところだけ書いてみない？」とお声がけいただいたのが事の始まりでした。そのときは、ちょろちょろっと書いてくれたらいいから～みたいな感じだったのと、実際面白そうだなと思ったので安請け合いしてしまったのですが、月日が進むに連れ、「世田谷区の手続きについても載せよう！」「もっとインタビューしよう！」「世界の同性婚事情も入れよう！」「どうせなら条例文も規則も要綱も、

２０１５年11月
ＫＩＲＡ

手続きのことわかる範囲で全部載せよう！」という流れで、最終的には「渋谷区証明書、世田谷区受領証発行第1号当事者のインタビューまで載せよう！」という、大変盛りだくさんの内容となりました。

よもやこんなボリュームになるとは、制作側の誰も想像しておらず、また、個人的にはずっとそうなると信じていた渋谷区の「任意後見契約書＋共同生活に関する合意書パターン」の他に、「任意後見契約書が省略できるパターン」が生まれたことを知ったときの衝撃たるや、凄まじいものでした。

この本は、条例が施行された後しばらくしてから、初めての同性パートナーシップ証明が交付されるであろうその日までを執筆期間として設定されたもので、はっきりしない情報、飛び交うデマ、いつ始まるのかわからない不安感等々と、手探り感満載な中で作られました。実際、手続きに関しての詳細が明らかになったのは交付直前、公証役場にいたっては、やってくれるのかどうかが不透明。司法書士としての通常業務を行いながら手続きパートを書き上げられたのは、本当に奇跡に近いと思います。（本を作るって、本当に大変なんですね……いろいろ勉強になりました）

本当に多くの方々の、多くの偶然が重なり、多くの繋がりによってうまれたこの二種類の制度。条例や要綱成立の裏に秘められた熱い思い。「条例」や「要綱」と、一言で言ってしまえばなんてことのない響きですし、興味がない人たちからすれば、「出生率が下がるからそれはよくないよね」とか、「家族制度崩壊の危機だ」など、無知無関心ゆえに生ずる声も多々ありますが、当事者にとっては本当に大きな第一歩であったと、本書の制作を通じて様々な声を聞き、実感している次第です。また、本書制作中にアジア最大規模とも言われる約8万人規模の台湾のプライドパレードにも参加させていただき、本当に世界にも多くのＬＧＢＴ当事者がいることを身をもって感じました。

本書の制作に携わらなければ出会うことができなかった方たちや様々な性のあり方への出会いは、本当に「多様性」の一言で片付けてしまうにはもったいないくらいの素敵な出来事でした。歴史が変わろうとしているこの瞬間にこのような形で携わらせていただき、本当に感謝しております。

２０２０年には東京でオリンピック・パラリンピックが開催されます。どういった形でオリンピック・パラリンピックを迎えることになるかまだ先の話すぎて実感が湧きませんが、多くの外国人観光客が訪れることが予想されることは確かで、その中にＬＧＢＴ当事者の方が多くいらっしゃることも確かな事実だと思います。日本が多様性の受容に向けて歩み始めたこの小さな歩みを止めてはならないと思いますし、今後また一歩一歩、小さな歩みでも進んでいくことを願ってやみません。

なお、大変恐縮ですが、この数年はしばらく規則や要綱の改正が起こり、本書の手続きパートに関しては情報が古くなることも予想されます。みなさまにおかれましては、今度の動向にも着目しつつ、新たな情報を仕入れていただければ幸いです。

最後になりましたが、同性パートナーシップ証明の発行に向けて動かれたすべての方々へ敬意を表すると共に、今後も関わるであろう多くの当事者の幸せを願って、私のあとがきとさせていただきます。本当に、ありがとうございました!

●主な参考文献

○第一章
『変えてゆく勇気――「性同一性障害」の私から』(上川あや著、岩波新書、2007.2)
『シブヤミライ手帖』(ハセベケン著、木楽舎、2005.6)
『ダブルハッピネス』(杉山文野著、講談社文庫、2009.12)
『LGBT 初級講座　まずは、ゲイの友だちをつくりなさい』(松中権著、講談社 + α 新書、2015.5)
「東小雪とひろこのレズビアン的結婚生活」(東小雪著、LGBT のためのコミュニティサイト「2CHOPO」) http://www.2chopo.com/writer/detail?id=15
「老後の新聞〜こちら東中野さくら行政書士事務所〜」(永易至文著、LGBT のためのコミュニティサイト「2CHOPO」) http://www.2chopo.com/writer/detail?id=36
インターネット新聞「ハフィントンポスト日本版」http://www.huffingtonpost.jp/news/hafintonposutonipponban/

○第二章
『新版　証書の作成と文例　全訂家事関係編』(日本公証人連合会編著、立花書房、2005.11)
『性的マイノリティ判例解説』(谷口洋幸・齊藤笑美子・大島梨沙編集、信山社、2011.11)
『ふたりで安心して最後まで暮らすための本――同性パートナーとのライフプランと法的書面』(永易至文著、太郎次郎社エディタス、2015.10)
『同性婚――私たち弁護士夫夫(ふうふ)です』(南和行著、祥伝社新書、2015.7)
『レズビアン的結婚生活』(東小雪・増原裕子著、すぎやまえみこマンガ、イースト・プレス、2013.12)
『LGBT 初級講座　まずは、ゲイの友だちをつくりなさい』(松中権著、講談社 + α 新書、2015.5)
『職場の LGBT 読本――「ありのままの自分」で働ける環境を目指して』(柳沢正和・村木真紀・後藤純一著、実務教育出版、2015.8)
「LGBT 日本と世界のリアル」『現代思想』2015.10 号(青土社)
「究極のダイバーシティ LGBT　あなたの会社も無視できない」『日経ビジネス』2015.8.24 発行第 1804 号(日経 BP 社)
『ダブルハッピネス』(杉山文野著、講談社文庫、2009.12)
『性同一性障害と戸籍――性別変更と特例法を考える[増補改訂版]』(針間克己・大島俊之・野宮亜紀・虎井まさ衛・上川あや著、緑風出版、2013.3)
『性同一性障害の医療と法――医療・看護・法律・教育・行政関係者が知っておきたい課題と対応』(南野知惠子代表編者、川﨑政司・針間克己編著、メディカ出版、2013.3)
『任意後見契約書の解説と実務』(山本修・冨永忠祐・清水恵介編著、三協法規出版、2014.2)
『Q&A「成年後見」実務ハンドブック――平成 26 年 7 月改定』(田中亮一著、セルバ出版、2014.7)
『家庭裁判所における成年後見・財産管理の実務――成年後見人・不在者財産管理人・遺産管理人・相続財産管理人・遺言執行人』(片岡武・金井繁昌・草部康司・川畑晃一著、日本加除出版、2014.7)
『願いが叶う !! 想いが実る !! 究極の財産管理ツール民事信託超入門――改正信託法をフル活用するための基礎知識と 21 の活用事例』(河合保弘著、日本加除出版、2014.9)
『新しい家族信託――遺言相続、後見に代替する信託の実際の活用と文例』(遠藤英嗣著、日本加除出版、2014.8)
日本公証人連合会　http://www.koshonin.gr.jp/
公益社団法人成年後見センター・リーガルサポート　http://www.legal-support.or.jp/
医療同意能力がない者の医療同意代行に関する法律大綱
　http://www.nichibenren.or.jp/activity/document/opinion/year/2011/111215_6.html
LGBT のためのコミュニティサイト「2 CHOPO」　http://www.2chopo.com/

●協力
本書の制作にあたって、
取材・インタビュー・資料提供など、
多くの協力をいただいた。
心から感謝します。
長谷部健
池山世津子
桑原敏武
岡田マリ
栗谷順彦
杉山文野
松中権
保坂展人
上川あや
阿部文香
永易至文
東小雪
増原裕子
川村安紗子
手塚マキ
中川重徳
西川麻実
高木龍二
大角正司
安藏邦彦
石川民雄
有田理香
Sara Partch Smith
国立国会図書館
（敬称略、順不同）

●エスムラルダ
ホラー系ドラッグクイーン、
ライター、脚本家。
1972年、大阪生まれ。
1994年よりドラァグクイーンとして
の活動を開始。
各種イベントやメディアに出演し、
執筆活動や講演活動も行っている。
2002年、東京都「ヘブンアーティスト」
ライセンス取得。
著書に
『英語で新宿二丁目を紹介する本』（ポット出版）

● KIRA
30代司法書士、東京都在住。
得意分野：商業登記及び相続全般
趣味：旅行
好きな食べもの：焼肉、寿司、ラーメン
好きな言葉：今こそ出発点（大平光代）・あきらめたらそこで試合終了だよ（安西先生）

書名　同性パートナーシップ証明、はじまりました。
副書名　渋谷区・世田谷区の成立物語と手続きの方法
著者　エスムラルダ、KIRA
編集　沢辺均、那須ゆかり
ブックデザイン　和田悠里、沢辺均
写真　杉山文野、上川あや、エスムラルダ、沢辺均、
株式会社トロワ・クルール（帯左写真）
発行　2015年12月4日［第一版第一刷］
発行所　ポット出版
150-0001 東京都渋谷区神宮前2-33-18#303
電話　03-3478-1774　ファックス　03-3402-5558
ウェブサイト　http://www.pot.co.jp/
電子メールアドレス　books@pot.co.jp
印刷・製本　萩原印刷株式会社
ISBN978-4-7808-0225-2　C0036　©Esmralda, KIRA

Shibuya and Setagaya Ward issues
Japan's first same-sex partnership certificate
by Esmralda, KIRA
Editor: NASU Yukari, SAWABE Kin
Designer: SAWABE Kin
Cover Designer: Wada Yuri

First published in
Tokyo Japan, December 4, 2015
by Pot Pub. Co. Ltd

#303 2-33-18 Jingumae Shibuya-ku
Tokyo, 150-0001 JAPAN
E-Mail: books@pot.co.jp
http://www.pot.co.jp/
Postal transfer: 00110-7-21168
ISBN978-4-7808-0225-2　C0036

【書誌情報】
書籍DB●刊行情報
1 データ区分——1
2 ISBN——978-4-7808-0225-2
3 分類コード——0036
4 書名——同性パートナーシップ証明、はじまりました。
5 書名ヨミ——ドウセイパートナーシップショウメイ、ハジマリマシタ。
7 副書名——渋谷区・世田谷区の成立物語と手続きの方法
13 著者名1——エスムラルダ
14 種類1——著
15 著者名1読み——エスムラルダ
16著者名2——KIRA
17種類2——著
18著者名2読み——キラ
22 出版年月——201512
23 書店発売日——20151204
24 判型——4-6
25 ページ数——288
33 出版者——ポット出版
39 取引コード——3795

本文●アルトクリームマックス 4/6 判 Y 目 56.5kg（0.115）／スミ
カバー・オビ●アラベールスノーホワイト 菊判 Y 目 76.5kg ／プロセス 4C ／マット PP
表紙● GA クラフトボード -FS アース L 判 T 目 20kg ／特色 1C　TOYO10822（こげ茶）
使用書体●筑紫明朝 Pro　筑紫ゴシック Pro
2015-0101-2.5